El conde Partinuplés

European Masterpieces
Cervantes & Co. Spanish Classics N° 79

Founding Editor: Tom Lathrop
                             Cervantes Society of America

General Editor: Matthew Wyszynski
                             University of Akron

Ana Caro Mallén de Soto

El conde Partinuplés

Edited by

Glenda Y. Nieto-Cuebas
Ohio Wesleyan University

Cervantes & Co.

NEWARK ❧ DELAWARE

Cover images: Digital images courtesy of the Getty's Open Content Program.

On the front: Georg Strauch (German, 1613 - 1675). *A Ship in a Stormy Sea,* about 1626 - 1711, Tempera colors with gold and silver highlights on parchment; Leaf: 37.6 x 26 cm (14 13/16 x 10 1/4 in.); The J. Paul Getty Museum, Los Angeles.

On the back: Psyche contemplating sleeping Cupid, Image 1, 1792, Tapestry based on the design of Charles-Antoine Coypel (French, 1694-1752)

Cervantes & Co. Spanish Classics #79

European Masterpieces
An imprint of LinguaText, LLC.
103 Walker Way
Newark, Delaware 19711-6119 USA
(302) 453-8695
Fax: (302) 453-8601

MANUFACTURED IN THE UNITED STATES OF AMERICA

ISBN: 978-1-58977-120-8

To my husband,
for his love and unconditional support.

Table of Contents

Acknowledgements

I FIRST THOUGHT OF creating this edition when I taught *El Conde Partinuplés* for the first time a few years ago. My students' enthusiasm for Caro's play motivated me to start working on a version I could use in my classes. I would like to begin by thanking Matthew Wyszynski for giving me the opportunity to publish this edition. I would also like to thank two of my former students, Jasmine Shields and Alaina Swearingen. Jasmine was very thorough in helping me identify words that might be difficult to understand by non-native speakers of Spanish. Likewise, Alaina carefully proofread the footnotes in this edition. I am also grateful for the funding opportunities provided by Ohio Wesleyan University, which allowed me to further my research on Spanish Classical Theater. I would also like to thank Harley Erdman, for his mentorship and for allowing me to use his translation of *El Conde Partinuplés*. Said work was forthcoming as of this writing and will appear in the anthology titled *Women Playwrights of Early Modern Spain*, translated by him. Finally, I would like to thank my husband, German E. Vargas Ramos, for his meticulous proofreading of this edition and his unconditional support.

Introduction to Students

Ana Caro: Life And Works

ALTHOUGH LITTLE IS KNOWN about the life of Ana Caro Mallén de Soto, her well-versed education and her active participation in Spain's literary world during the seventeenth century is unquestionable. The few personal details we know about her today have been compiled through surviving writings, historical documents, and accounts from some of her contemporaries. Though many of Caro's works have been lost, the ones that have been preserved have caught the attention of scholars who have produced numerous studies about her work over the past three decades.

Ana Caro is of Andalucian descent and lived most of her life in Seville. Some scholars believe she was born in the above-mentioned city around 1600, others claim it was in Granada,[1] which was her brother's birthplace.[2] The exact date of her death is unknown. Ruth Lundelius has suggested that she could have died in the devastating plague that infected Seville throughout the years 1649-1652 (231).

Even though there is no evidence of the type of education she received, we can infer it was an excellent one, which was a privilege only upper class women had in seventeenth-century Spain. As noted by María José Delgado, her works are evidence of her vast knowledge

---

1 See Soufas, *Women's* 133; Luna, *Conde* 6; Lundelius 228-229; and Kaminsky, *Ana* 86.

2 In *Apuntes para una biblioteca de escritoras españolas desde el año 1401 al 1833* (Vol.1), Manuel Serrano y Sanz confirms that Ana Caro's brother, Juan Caro de Mallén, was born in Granada, Spain (177).

of history, geography, mythology, and poetry. The poetic and historical backdrops in her work reflect the aristocratic world in which she
lived (6). She was also part of a strong network of writers. She was a
friend of María de Zayas y Sotomayor, who was also a prolific author
and with whom she spent some time in Madrid in 1637.[3] Certainly,
their friendship was founded on their common interests and their ad-
miration for each other's work. Caro praised her friend's work in the
Décimas a Doña María de Zayas y Sotomayor, which she wrote for the
1637 publication of Zayas' *Novelas amorosas y ejemplares*. In the same
way, Zayas eulogized Caro's work in *Desegaños amorosos*, affirming:
"La señora doña Ana Caro, natural de Sevilla: ya Madrid ha visto y
hecho experiencia de su entendimiento y excelentísimos versos, pues
los teatros la han hecho estimada y los grandes entendimientos le han
dado laureles y vítores, rotulando su nombre por las calles"[4] (230).

Caro's contemporaries also highlighted her active and fertile literary endeavors. For instance, Rodrigo Caro, in *Varones insignes en letras
naturales de la ilustrísima ciudad de Sevilla*, records how popular her
comedias were and how well received they were by the audience of the
time. He also emphasized that she competed in literary contests and
won the first prize on several occasions. According to him, Ana Caro
was: "insigne poeta, que ha hecho muchas comedias, representadas en
Sevilla, Madrid y otras partes con grandísimo aplauso, y ha hecho otras
muchas y varias obras de poesía, entrando en muchas justas literarias, en
las cuales, casi siempre, se le ha dado el primer premio"[5] (73). Alonso de
Castillo Solórzano also notes Caro's poetic skills and ability to please
her audience: "...con sus dulces y bien pensados versos suspende y de-

---

3 In *La garduña de Sevilla y anzvelo de las bolsas*, Alonso de Castillo Solórzano
confirms that she spent time in Madrid with María de Zayas (95-96).

4 "Doña Ana Caro, native of Seville. Madrid has already seen and experienced
her learning and her superb poetry; her works have been celebrated in the theaters
and great minds have lauded and cheered her, sounding her name through the city
streets" (qtd. in Greer 23).

5 "[A] famous poet, who has written many plays, presented in Seville, Madrid,
and other places to great acclaim, and she has written many and diverse other works
of poetry, entering in many literary tournaments, in which, almost always, she has
won first prize" (qtd. in Kaminsky, *Water* 202).

leita a quien los oye y lee"[6] (96). Other writers, such as Juan de Matos Fragoso and Nicolás Antonio also praised her talented work (Soufas, *Dramas* 2). Caro was often referred to as the "tenth muse of Seville." This was a "laudatory phrase" conferred to women writers, which was given to Caro by some of her contemporaries (Lundelius 229). She was called the "décima musa sevillana"[7] by Luis Vélez de Guevara, in his satirical novel *El diablo cojuelo.* This epithet was also used in *Laurel de comedias: Quarta parte de diferentes autores,* the anthology where *El conde Partinuplés* was published in 1653.

Nowadays, we would have considered Ana Caro a "professional writer." She was not only celebrated as an extraordinary author, but she was also remunerated for her work by town officials.[8] Her most productive years are believed to have been during the 1630's and 1640's (Soufas, *Women's* 134). Most of her poetic productions are accounts of public spectacles, known as *relaciones de fiestas.*[9] Her earliest surviving work dates from 1628 and is titled: *Relación, en que se da cuenta de las grandiosas fiestas, que... se han hecho a los Santos mártires del Japón.*[10] In 1637 she wrote about the festivities celebrated at the Buen Retiro to honor the coronation of "Ferdinand III as Holy Roman Emperor and the arrival of the Princess of Cariñan in Madrid" (De Armas, *Ana* 66). This *relación* is titled *Contexto de las reales fiestas que se hicieron en el Palacio del Buen Retiro.* She also wrote: *Grandiosa victoria que alcanzó de los Moros de Tetuán Jorge de Mendoza y Pizaña...* (1633) and *Relación de la grandiosa fiesta... en la Iglesia parroquial del glorioso San Miguel...* (1635).

---

6 "...with her sweet and well-considered verses she astounds and delights all those who hear and read them" (qtd. in Greer 23).

7 See Vélez de Guevara 258.

8 See Luna, *Leyendo* 138-157 and Voros 109-111.

9 These *relaciones*, as described by Amy Kaminsky, "honor the aristocrats who underwrote the feasts, briefly describe the event that occasioned the festivities, and document the celebration itself, from the floats and fireworks displays to the men who preached sermons during the days-long events" (*Ana* 87).

10 See Voros 110.

Records indicate that her religious plays, known as *autos sacramentales*,[11] were commissioned and that she was paid for them. Between 1641 and 1645, the payments she received for her *autos* were recorded in *Actas y Acuerdos del cabildo sevillano* (Luna, *Leyendo* 149). The two specific *autos* mentioned in these *actas* are *La puerta de la Macarena* (1641) and *La Cuesta de Castilleja* (1642). Caro's only two known *comedias*, *El conde Partinuplés* and *Valor, agravio y mujer*, have been well studied, adapted, and produced for modern audiences. As of today the other two known theatrical pieces written by her are: *Loa Sacramental que se representó... en las fiestas del Corpus de Sevilla* (1639) and *Coloquio entre dos* (1645).

EL CONDE PARTINUPLÉS

El conde Partinuples was first published in 1653 in the *Laurel de comedias de diferentes autores: Quarta parte*. It follows the tradition of the *comedia nueva*. The *comedia nueva* correspond to a popular and innovative theater genre delineated by the celebrated playwright and poet Félix Lope de Vega y Carpio. These plays were divided in three acts (called *jornadas*), were written in verse, and use different types of stanzas. They highlight the topic of honor and contain characters of different social classes.

El conde Partinuplés follows the tradition of the *comedia nueva* and also incorporates chivalric and mythological elements (Luna, *Conde* 7-8). As noted by Teresa Scott Soufas, the elements that correspond to the chivalric tradition in Caro's plays are: "astrological predictions, issues of succession to a royal throne, magical spells, an enchanted castle, trials and tasks to prove and/or win a beloved, and numerous obstacles to be overcome in the name of true love..." (*Women's* 134). In fact, Caro's work was inspired by the twelfth-century French romance *Partonopeus de Blois*, first translated into Spanish in 1497 (Luna, *Conde* 28). During Caro's time, the novel was well known to enthusiasts of chivalric novels and there were already more than ten different edi-

---

11 The *autos sacramentales* are short allegorical plays that represent the mystery of the Holy Communion (or Holy Eucharist). The *autos* formed part of the Corpus Christi festivities.

tions published in Spanish.[12] Many *comedias* of the time make references to the tale of *El conde Partinuplés* and the plot of the "Invisible Mistress."[13] This is the case of plays written by celebrated playwrights of the seventeenth-century, such as Calderón de la Barca and Tirso de Molina, among others. Undoubtedly the public of the time would have recognized the plot of Caro's play as a reference to this chivalric text and would have enjoyed these adaptations.

The French *Partonopeus de Blois* revolves around the young Empress of Constantinople, named Melior, who finds herself under pressure to find a suitable husband within a period of two years. She hears of the virtues of a certain young Count and uses her magic to transport herself in a cloud so she could see for herself if what she was told was true. When she sees him, she falls in love with him and hatches a plan to make him fall in love with her. Melior uses her magical powers to kidnap the Count and take him by ship to an enchanted castle where she seduces him. There, the young noble is fed and housed without seeing a single person for at least one year. The Empress visits him every night while everything is dark. She talks to him and they sleep together, but he never sees her. Although the Empress has him captive, she frees him temporarily so he can go and help his uncle, the King of France, to protect his territory, which had been invaded by an alliance of Moorish kings. After his victory and a subsequent visit to Paris, the Count returns to Melior's castle against his family's wishes. However, the Count betrays the Empress by lighting a candle to look

---

12 See Luna, *Conde* 30.

13 In the book *The Invisible Mistress: Aspects of Feminism and Fantasy in the Golden Age*, Frederick De Armas explains the "Invisible Mistress" plot as follows: "A young man is invited to partake of an adventure: He is to follow a stranger in the dark and be led to an unknown site. The youth, having accepted the challenge, soon finds himself in a beautifully decorated room (possibly in an "enchanted" palace) where he listens to "celestial" sounds while an exquisite dinner is brought to him by servants who obey his every wish. He is soon taken to visit his lovely jailor. Although moved by her angelic voice and soft touch, he is not allowed to see her: the lady remains in darkness, or is either veiled or masked. The protagonist may even disdain her if he sees her in the social world, since he cannot recognize her. At times the love for this mysterious lady may override all other emotions; but he may be curious as to her identity..." (13).

at her while she slept. Melior realizes she is being observed and orders that the Count be killed. The Empress' half sister, Urracla, helps the regretful man escape and he returns home, after which he is knighted and goes through different chivalric quests. In the end, the Empress chooses to marry him.

Both Caro's work and the French romance are based on the story of Psyche and Cupid. In this legend, Psyche, the most beautiful princess in a kingdom was revered and admired by all but could not find a husband. Venus, the goddess of Love, envious of the attention she was obtaining decides to do something against the young lady. She predicts that Psyche will marry a monster. After this Psyche is transported to a cliff from where she is saved by Cupid, god of Love and son of Venus. He then takes her to a splendid palace where invisible servants serve her exquisite food. Cupid visited her and lavished her with love by night, but forbids her to see him. After some time, Psyche visits her family and tells them what happened while she was missing. After hearing how happy she has been, her jealous sisters start speculating that Psyche's lover might be a monster. Meanwhile, intrigued and burdened by her sisters' assumptions, Psyche returns to the magical palace. One night, she lights a torch in order to look at him. Surprised by Cupid's beauty, she inadvertently spills oil on him and wakes him up. Furiously, Cupid leaves the palace. Desperate to find him, she asks Venus for help and in return the goddess makes her go through several impossible tasks, which she accomplishes. For her last trial, she must descend to the underworld to get a box that contains an enchanted beauty balm from the goddess Proserpina. Once she gets the box, full of curiosity, she opens it and discovers it was empty. At that point a cloud of smoke comes out of the box and kills her. Seeing this, Cupid, who was still in love with Psyche, brings her back to life and marries her.

Ana Caro's play also reverses the gender roles of the legend. By doing so, Caro's work accentuates female autonomy in a male-controlled society. Additionally, as noticed by Luna, the plot of Caro's *comedia* emphasizes the most significant functions of the myth of Psyche and Cupid: "prohibition and transgression" (*Conde* 41). In Caro's play, through Aldora's magical arts the hero and his servant, Gaulín, are transported to an enchanted castle where the Count is not allowed to see Rosaura, the woman that seduces him. The transgression occurs when the young man falls into the temptation of discovering the identity of his lover, as Psyche did. This infuriates Rosaura and drives her to want him dead. However, her cousin Aldora protects him. In the end, he regains the Empress' trust and love. In this way, order is reinstituted and the Empress is allowed to accomplish her political duties: getting married to a noble man in order to birth an heir to the crown.

El Conde Partinuplés: Plot summary

In the first act Rosaura, Empress of Constantinople, is asked by her vassals to marry and produce an heir to her realm to avoid conflict within her empire. They suggest several suitors to her: princes from Poland, Cyprus, Transylvania, England, Albania and Scotland. Rosaura, who does not want an arranged marriage, asks her cousin, the skilled enchantress, Aldora, for advice. She tells her to ask for a year in order to find a suitable husband. If after that period she does not find an appropriate husband, she would let her vassals decide for her. Aldora then uses her magical powers to show her some of the princes, including the noble and brave Count Partinuplés, nephew of the King of France and heir to the crown. Even though the French prince is engaged to Lisbella, the Empress expresses her desire for him. Aldora agrees to help her cousin by showing Partinuplés a portrait of her. Later, while the King, the Count, Lisbella, and Gaulín are out hunting, two fishermen bring them a box they found inside a shipwreck. Inside the box they discover a portrait of a gorgeous lady, Rosaura. Partinuplés immediately falls in love with the image. Subsequently, the Count and Gaulín encounter a beast and follow the creature into the woods. It disappears and, instead, the image of the beautiful woman in the portrait appears and vanishes quickly. While they look for her, Aldora appears, and then disappears again. A storm starts and both men look for refuge.

In the second act, the Count and Gaulín take refuge from the storm inside a ship. It takes them to an enchanted castle where beautiful music and food is served by people they can't see. Although the Count is able to enjoy the food and beverages that are on the table, Gaulín cannot. Invisible hands keep him from doing so. In the dark and without letting any of them see her, Rosaura appears and confesses her love for Partinuplés, but tells him that he can't see her yet. In the subsequent scene, Rosaura's suitors visit her palace, each hoping he can win her favor and marry her. Later, Rosaura—still in hiding—visits Partinuplés and tells him that the city of Paris is in danger and is under siege. She gives him horses and weapons so he can help his uncle, the King of France, defend his country. They confirm their love for each other.

In the third act, the Count and Gaulín return to the palace. While Partinuplés is recounting his deeds in battle she falls asleep and, persuaded by his servant, he gets a candle to look at her. Fascinated and enchanted by her beauty, the Count inadvertently drops wax on her. She wakes up and realizes what has happened, so she orders the Count's execution, but Aldora saves him. In the meanwhile, Lisbella accompanied by soldiers and armed with a sword, is determined to go to Constantinople and reclaim the Count's love. When Lisbella arrives, Rosaura declares she will marry the winner of a tournament she has arranged. At the same time, the regretful and penitent Count roams the woods alongside Gaulín. Aldora finds them and transports them to the tournament on a cloud. The Count wins the tournament and reveals his identity to Rosaura. The *comedia* ends with the announcement of multiple marriages.

VERSIFICATION

This verse structure is based on the one developed by Lola Luna and published in her *Introduction* to *El conde Partinuplés* (58-64). It has been modified and included here to highlight the main stanzas used in the text.[14]

---

14   *Silva*: combines verses of seven and eleven syllables. It has a varied consonant rhyme scheme; *Redondillas*: a four-line stanza with verses of eight syllables. It has a consonant rhyme in an *abba, cddc* pattern; *Quintillas*: five verses of eight syllables with two different consonant rhymes. Organized so that no three consecutive verses have the same rhyme or become a rhyming couplet.

ACT I	VERSES
Romance	1-124
Silva	125-255
Romance	256-432
Redondillas	433-572
Romance	573-604
Quintillas	605-634
Romance	635-758

ACT II	VERSES
Redondillas	759-964
Romance	965-1103
Silva	1104-1182
Romance	1183-1239
Silva	1240-1261
Redondillas	1262-1361
Romance	1362-1505

ACT III	VERSES
Romance	1506-1685
Quintillas	1686-1705
Romance	1706-1815
Redondillas	1816-1942
Romance	1943-2110
Mote	2057-2070

EDITIONS USED AND NOTES ON LANGUAGE

The primary text used for this edition was the electronic version prepared in 1997 by María José Delgado and published by Vern G. Williamsen on the *Association of Hispanic Classical Theater* website: http://www.comedias.org/. Changes were made to the punctuation, spelling, and stage directions by consulting the 1653 edition of *El conde Partinuplés*, published in *Laurel de comedias de diferentes autores: Quarta parte*. I also consulted the editions of Lola Luna and Teresa

Scott Soufas. These were very helpful in explaining terms and idioms used in the play. Furthermore, the verse structure used in this edition is based on the one developed by Lola Luna and published in her *Introduction* of *El conde Partinulés*. It was adapted to stress the main verses used in Caro's *comedia*. All English translations cited in the footnotes were translated by Harley Erdman.[15] These were used to clarify verses that might be difficult to understand, such as the comic dialogues by the *gracioso* Gaulín.

A number of terms were left as they appeared in the 1653 edition in order to preserve the original language of this *comedia*. However, they are easy to understand, for example: *agora* = ahora, *trujimos* = trajimos, *trujera* = trajera, *mesmo* = mismo. The use of pronouns attached to a conjugated verb, known as *enclitic*, appears often in many of the stage directions: *Vanse* = Se van. Pronouns or demonstrative adjectives contracted with the preposition *de* were kept: *della* = de ella, *dellos* = de ellos, *destos* = de estos, *desta* = de esta. Additionally, the use of the pronoun *vos* shows a level of familiarity between the informal *tú* and the formal *vuestra merced*.

EDITIONS OF EL CONDE PARTINUPLÉS

Caro, Ana. "El conde Partinuplés." *Laurel de comedias, quarta parte, de diferentes autores*. Madrid: Impr. Real, Acosta de Diego de Balbuena, 1653. 135-169. Web.

———. "El conde Partinuplés." *Dramáticos Posteriores a Lope De Vega*. Ed. Ramón de Mesonero Romanos. 2 Vol. Madrid: Rivadeneyra, 1859. 125-138. Print.

———. *El conde Partinuplés*. Ed. Lola Luna. Kassel: Edition Reichenberger, 1993. Print.

———. "El conde Partinuplés." *Women's Act: Plays by Women Dramatists of Spain's Golden Age*. Ed. Teresa Scott Soufas. Lexington: The University Press of Kentucky, 1997. 137-162. Print.

---

15   Erdman's translation of *El conde Partinuplés* was forthcoming as of this writing and will appear in *Women Playwrights of Early Modern Spain*. Trans. and annotated Harley Erdman. Eds. Nieves Romero-Díaz and Lisa Vollendorf. The Other Voice in Early Modern Europe Series/ITER.

———. "El conde Partinuplés." *Las comedias de Ana Caro "Valor, agravio y mujer" y "El conde Partinupés,"* Ed. María José Delgado. New York: P. Lang, 1998. Print.

———. "Count Partinuplés." *Women Playwrights of Early Modern Spain.* Trans. Harley Erdman. Eds. Nieves Romero-Díaz and Lisa Vollendorf. Tempe: ITER, Forthcoming.

WORKS CITED AND CONSULTED

Baranda, Nieves, ed. *Libro del conde Partinuplés.* Historias caballerescas del siglo XVI. Madrid: Turner, 1995. Print.

Buchanan, Milton A. "Partinuples De Bles: An Episode in Tirso's *Amar por señas,* Lope's *La viuda valenciana." Modern Language Notes* 21 (1906): 3-8. Print.

Camino, Mercedes Maroto. "Negotiating Woman: Ana Caro's *El conde Partinuplés* and Pedro Calderón De La Barca's *La vida es sueño." Tulsa Studies in Women's Literature* 26.2 (2007): 199-216. Web.

Cammarata, Joan, ed. *Women in the Discourse of Early Modern Spain.* Gainesville: University Press of Florida, 2003. Print.

Caro, Ana. *Contexto de la reales fiestas que se hizieron en el palacio del Buen Retiro.* Madrid: Imprenta del reyno, Valencia, Tip. moderna, 1637. Web.

———. *Fiestas Reales en Madrid, 1637.* Ed. Antonio Pérez Gómez. Valencia: Talleres de Tipografía Moderna, 1951. Print.

Caro, Rodrigo. *Varones insignes en letras naturales de la ilustrísima ciudad de Sevilla ; Epistolario.* Ed. Santiago Montoto. Sevilla: Publícalos la Real Academia Sevillana de Buenas Letras, 1915. Web.

Carrión, María M. "Portrait of a Lady: Marriage, Postponement, and Representation in Ana Caro's *El conde Partinuplés." MLN* 114.2 (1999): 241-68. Web.

Castillo Solórzano, Alonso de. *La garduña de Sevilla y anzvelo de las bolsas.* Ed. Federico Ruiz Morcuende. Madrid: Ediciones de "La Lectura", 1922. Clásicos Castellanos 42. Web.

Castro, de Moux. "La leyenda del conde Partinuplés: Magia y escepticismo en Tirso de Molina y Ana Caro." *RLA: Romance Languages Annual* 10.2 (1998): 503-11. Web.

De Armas, Frederick A. *The Invisible Mistress: Aspects of Feminism and Fantasy in the Golden Age*. Charlottesville: Biblioteca Siglo de Oro, 1976. Print.

———. "Ana Caro Mallén De Soto." *Women Writers of Spain: An Annotated Bio-Bibliographical Guide*. New York: Greenwood Press, 1986. 66-67. Print.

———. "Invisible Mistress." *The Feminist Encyclopedia of Spanish Literature: A-M*. Eds. Janet Pérez and Maureen Ihrie. 1 Vol. Westport: Greenwood Publishing Group, 2002. Print.

Delgado, María José, ed. *Las comedias de Ana Caro 'Valor, agravio y mujer' y 'El conde Partinupés.'* New York: P. Lang, 1998. Print.

Dougherty, Deborah. "Out of the Mouths of 'Babes': Gender Ventriloquism and the Canon in Two Dramas by Ana Caro Mallén." *Monographic Review/Revista Monográfica* 13 (1997): 87-97. Web.

Ellis, Jonathan. "Royal Obligation and the 'Uncontrolled Female' in Ana Caro's *El conde Partinuplés.*" *Bulletin of the Comediantes* 62.1 (2010): 15-30. Web.

Finn, Thomas P. "Women's Kingdom: Female Monarchs by Two Women Dramatists of Seventeenth-Century Spain and France." *Bulletin of the Comediantes* 59.1 (2007): 131-48. Web.

Gil-Oslé, Juan Pablo. "El examen de maridos en *El conde Partinuplés* de Ana Caro: la agencia femenina en el Juicio de Paris." *Bulletin of the Comediantes* 61.2 (2009): 103-19. Web.

Greer, Margaret Rich. *María de Zayas Tells Baroque Tales of Love and the Cruelty of Men*. University Park, Pa: Pennsylvania State University Press, 2000. Print.

Kaminsky, Amy K. "Ana Cara Mallén de Soto." *Spanish Women Writers: A Bio-Bibliographical Source Book*. Eds. Linda Gould Levine, Ellen Engelson Marson, and Gloria Feiman Waldman. Westport: Greenwood Press, 1993. 86-97. Print.

———. *Water Lilies, Flores Del Agua: An Anthology of Spanish Women Writers from the Fifteenth through the Nineteenth Century*. Minneapolis, MN: University of Minnesota Press, 1996. Web.

Luna, Lola. *Leyendo como una mujer la imagen de la mujer*. Sevilla: Anthropos: Instituto Andaluz de la Mujer, Junta de Andalucía, 1996. Print.

————. "Ana Caro, una escritora 'de oficio' del Siglo de Oro." *Bulletin of Hispanic Studies* 72.1 (1995): 11-26. Web.

————, ed. *El conde Partinuplés.* Kassel: Edition Reichenberger, 1993. Print.

Lundelius, Ruth. "Ana Caro: Spanish Poet and Dramatist." *Women Writers of the Seventeenth Century.* Eds. Katharina M. Wilson and Frank J. Warnke. Athens: The University of Georgia Press, 1989. Print.

Merrim, Stephanie. *Early Modern Women's Writing and Sor Juana Inés De La Cruz.* 1st ed. Nashville: Vanderbilt University Press, 1999. Print.

Montauban, Jannine. "El retrato como síntoma y representación en el teatro de Ana Caro y María de Zayas." *Bulletin of the Comediantes* 63.2 (2011): 39-56. Web.

Pérez Romero, Antonio. "'Si me buscas me hallarás': mujer buscada, hallada y admirada en *El conde Partinuplés* de Ana Caro." *eHumanista: Journal of Medieval and Early Modern Iberian Studies* 17 (2011): 334-48. Web.

Real Academia Española. *Diccionario de la lengua española.* 2014. Web. <http://www.rae.es/recursos/diccionarios/drae>.

Serrano y Sanz, Manuel. *Apuntes para una biblioteca de escritoras españolas desde el año 1401 al 1833.* 1 Vol. Madrid, 1903. Web.

Soufas, Teresa Scott. *Dramas of Distinction: A Study of Plays by Golden Age Women.* Lexington: University Press of Kentucky, 1997. Print.

————. *Women's Acts: Plays by Women Dramatists of Spain's Golden Age.* Lexington: The University Press of Kentucky, 1997. Print.

Vélez de Guevara, Luis. *El diablo cojuelo.* Ed. Francisco Rodríguez Marín. 2nd ed. Madrid: Ediciónes de "La Lectura," 1922. Web.

Vollendorf, Lisa. *The Lives of Women : A New History of Inquisitional Spain.* 1st ed. Nashville: Vanderbilt University Press, 2005. Print.

Voros, Sharon D. "*Relaciones de fiestas*: Ana Caro's Accounts of Public Spectacles." *Women in the Discourse of Early Modern Spain.* Ed. Joan Cammarata. Gainesville: University Press of Florida, 2003. Print.

Walde, Christine. "Canidia and Erichtho: Snapshots for their Postclassical Life." *Ancient Magic and the Supernatural in the Modern*

Visual and Performing Arts. Eds. Filipo Carlá and Irene Berti. New York: Bloomsbury Publishing, 2015. 119-134. Print.

Walen, Denise A. "The Feminist Discourse of Ana Caro." *Text & Presentation: The Journal of the Comparative Drama Conference* 13 (1992): 89-95. Web.

Weimer, Christopher B. "Ana Caro's *El conde Partinuplés* and Calderon's *La vida es sueño*: Protofeminism and Heuristic Imitation." *Bulletin of the Comediantes* 52.1 (2000): 123-46. Web.

Wilson, Katharina M., ed. *An Encyclopedia of Continental Women Writers*. New York: Garland Pub, 1991. Print.

———. *Women Writers of the Renaissance and Reformation*. Athens: University of Georgia Press, 1987. Print.

Zayas y Sotomayor, María de. *Novelas amorosas y ejemplares*. Ed. Julián Olivares. Madrid: Cátedra, 2000. Print.

———. *Desengaños amorosos*. Ed. Alicia Yllera. Madrid: Cátedra, 2004. Print.

Zuese, Alicia R. "Ana Caro and the Literary Academies of Seventeenth-Century Spain." *Women's Literacy in Early Modern Spain and the New World*. Eds. Anne Cruz and Rosilie Hernández. Farnham: Ashgate, 2013. 191. Web.

El conde Partinuplés

Ana Caro Mallén de Soto

Personas que hablan en ella:

El Conde	Federico de Polonia
Rey de Francia, viejo	Clauso
Rosaura, dama	Emilio, segunda barba
Aldora, su prima	Arcenio, caballero
Lisbella, dama segunda	Dos Pescadores
Gaulín, gracioso	Guillermo
Roberto de Transilvania	viejo
Eduardo de Escocia	Celia

Acto Primero

(Tocan cajas y clarines y salen, empuñando las espadas, Arcenio, Clauso y Emilio deteniéndolos)

ARCENIO Sucesor° pide el imperio,
dénosle luego, que importa. — successor

EMILIO Caballeros, reportad
el furor° que os apasiona. — rage

CLAUSO Cásese o pierda estos reinos.

EMILIO Esperad; razón os sobra.

ARCENIO Pues si nos sobra razón,
cásese, o luego deponga° — depose
el reino en quien nos gobierne.

10	EMILIO	Rosaura es vuestra Señora natural.
	ARCENIO	Nadie lo niega: toca al arma.
	CLAUSO	Al arma toca.

(Tocan al arma y salen Rosaura y Aldora, y en viéndola se turban)

ROSAURA   Motín° injusto, tened: rebellion
                      ¿dónde váis?

ARCENIO   Yo, no.

CLAUSO   Señora.

15   ROSAURA   ¿No habláis? ¿No me respondéis?
                      ¿Qué es esto?, ¿Quién os enoja?
                      ¿Quién vuestro sosiego inquieta?
                      ¿Quién vuestra paz desazona?°   makes uneasy
                      Pues, ¿cómo de mi palacio
20   el silencio se alborota,°   disrupt
                      la inmunidad se profana,
                      la sacra ley se deroga?°   repeal
                      ¿Qué es esto, vasallos° míos?   vassals
                      ¿Hay acaso en nuestras costas
25   enemigos? ¿Han venid o
                      de Persia bárbaras tropas
                      a perturbar nuestra paz,
                      envidiosas de mis glorias?
                      Decidme qué es, porque yo,
30   atrevida y fervorosa,°   passionate
                      con vosotros, imitando

las ilustres Amazonas,[16]
saldré a defender, valiente,
destos reinos la corona.

35 Y aún ofreceré la vida
con resolución heroica,
porque vosotros gocéis — *you enjoy*
la parte que en ésa os toca,
pacíficos y contentos.
No hagáis por mi amor ociosa

40 la razón de vuestro enojo,°   anger
en el silencio que estorba°   disturb
en mi atención el informe.
Hablad.

ARCENIO   ¡Qué cuerda!°   rational

EMILIO   ¡Qué hermosa!

45 ROSAURA   No me neguéis la ocasión
del disgusto.°   annoyance

ARCENIO   Gran Señora,
bellísima Emperatriz,
nuestro delito° perdona,   offense
que tú sola eres la causa.

50 ROSAURA   Sea agravio o sea lisonja°   flattery
de vuestro amor el ser yo,
vasallos, la causa sola;
pues está mi confianza
de vuestra lealtad heroica

55 satisfecha felizmente,
advertid° que se malogra   pay attention

---

16   The Amazons constitute a legendary society exclusively governed by female warriors. They depict the inversion of the natural order for pursuing a life where only women have political authority. However, as noted by Luna, during the Renaissance the Amazons were represented as models of virtue through several treatises written in defense of women (*Conde* 82).

la intención mientras la ignoro.
Responded.

EMILIO   Rosaura hermosa:
yo diré a lo que han venido;
60   perdonad y oye, Señora.
Ya sabes la obligación
con que destos reinos gozas,
y que por ella es preciso
tomar estado; no ignoras,
65   tampoco, que te ha pedido
tu Imperio que te dispongas
a casarte, y te ha propuesto
el Príncipe de Polonia,
el de Chipre, Transilvania,
70   Inglaterra y Escocia.
Cásate, pues, que no es justo,
que dejes pasar la aurora
de tu edad tierna, aguardando
de que de tu sol se ponga.
75   Ésta es inolvidable ley,
y en tus años tan costosa,
que han de ejecutarla.° Dicen   implement
que habías de ver tu corona
dividida en varios bandos,
80   y arriesgada° tu persona.[17]   risky
Elige esposo, primero
que la fe jurada rompa,
porque de no hacerlo así,
tu Majestad se disponga
85   a defenderse de un vulgo°   common peo[ple]
conspirado en causa propia.

---

17   Verses 71-80: "Given your age, this delay/ could have the most costly
effect./ It's said your crown could be divided/ among competing factions, and/
your life itself be put at risk./ So choose a husband before your vassals/ break the
oaths they've sworn to you./ If you don't, then be forewarned,/ you'll confront a
vulgar mob/ that seeks to forward its own cause" (Trans. H. Erdman).

Yo te aconsejo, yo, justo;
tú, Emperatriz, mira ahora
si te importa el libre estado,
90   o si el casarte te importa.

ROSAURA (*Aparte*) No sé cómo responderle,
tanto el enojo me ahoga°   overwhelms me
que están bebiendo los ojos
del corazón la ponzoña.°   poison
95   ¡Hay tan grande atrevimiento!
¡Hay locura tan impropia!
¡Que éstos mi decoro ofendan!
¡Que así a mi valor se opongan!
Pero no tiene remedio,
100   porque si las armas toman,
y quieren negar, ingratos,
la obediencia y la corona,
¿cómo puedo? ¿cómo puedo,
siendo muchos y yo sola,
105   defenderme? y no les falta
razón. ¡Ay querida Aldora,
si yo te hubiera creído!
¿Qué haré?

ALDORA   Responde amorosa
que un año te den de plazo,
110   y que si al fin de él no tomas
estado, les das licencia
para que el reino dispongan
a su elección.

ROSAURA (*Aparte*)   ¡Ah, vasallos!
si sois traidores,° ¿qué importa   traitors
115   rendiros con beneficios
ni obligaros con lisonjas?

EMILIO   Gran Señora, ¿qué respondes?

ROSAURA   Agradecida y dudosa
                 del afecto y la elección,
120   me detuve, mas agora
                 quiero que escuchéis, vasallos,
                 porque os quiero hacer notoria
                 la causa que ha tanto tiempo,
                 que mis designios estorba.
125   Ya sabéis que este Imperio,
                 generoso esplendor del hemisferio,°   hemisphere
                 obedeció por dueño soberano
                 al insigne Aureliano[18]
                 mi padre, y que fue herencia°   legacy
130   de su real y antigua descendencia.°   descendants
                 También sabréis cómo mi madre hermosa,
                 sin sucesión dichosa
                 estuvo largo tiempo, y que los cielos,
                 con devotos desvelos
135   los dos importunaban.
                 (Mas, ¡justas peticiones que no acaban!)
                 Ya se ve, pues hicieron tanto efecto
                 las generosas quejas de su afecto,
                 que el cielo, o compasivo° u obligado,   compassionate
140   les vino a dar el fruto deseado;
                 mas fue con la pensión, ¡oh infeliz suerte!
                 de la temprana muerte
                 de aquella hermosa aurora
                 del Puzol, Rosimunda, mi señora,
145   que de mi tierna vida al primer paso
                 la luz oscureció en mortal ocaso,°   sunset
                 dando causa a comunes sentimientos;[19]
                 ya lo sabéis, pues, escuchadme atentos.
                 Quedó el Emperador, mi padre amado,

---

18 *Aureliano* (Aurelian) was a Roman Emperor (270-275).

19 Verses 141-147: "Unhappy fate! The untimely death/ of Rosimunda,
dawn of Puzol,/ clouded the drawing of my first breath./ Yes, my dawn became
a sun/ setting upon her darkened soul" (Trans. H. Erdman).

150 con golpe tan pesado,
    desde aquel triste día,
    ajeno de alegría;
    mas viendo su presencia,
    a pique de perderse en la experiencia
155 de dolor tan esquivo,°   distant
    dio al pesar, ni bien muerto ni bien vivo,
    treguas° como cristiano,   truces
    pues fuera intento vano
    ser su mismo homicida,
160 no pudiendo animar la muerta vida
    de su adorada esposa.
    Suspendió, en fin, la pena° lastimosa   sorrow
    y quiso de mis dichas, mal seguro,
    investigar del tiempo lo futuro.
165 Consultó las estrellas,
    miró el influjo de sus luces bellas,
    escudriñó° curioso   examined
    el benévolo aspecto, o riguroso
    de Venus, Marte, Júpiter, Diana,[20]
170 antorchas° de esa esfera soberana,   torches
    o llamas de ese globo turquesado
    que es de varios Astrólogos mirado,
    me pronostican° de opinión iguales,   foretell
    mil sucesos fatales.[21]
175 Y todos dan por verdadero anuncio,
    (¡con qué temor, ay cielos, lo pronuncio!)
    que un hombre, ¡fiero daño!
    le trataría a mi verdad engaño,
    rompiéndome la fe por él jurada,

---

20 Venus: goddess of love and beauty. Marte (Mars): god of war. Júpiter: father of gods. Diana: goddess of the moon and of the hunt.

21 Verses 165-174: "He consulted the heavens, gauged their light;/ he measured the kindness—or the cruelty—/ of the planets: of Venus and Mars,/ Jupiter and Diana, these stars/ that, tapers of our turquoise sphere,/ cast their glow on this globe of ours./ Astrologers made observations,/ and no dissenting voice was heard:/ a thousand fatal blows shall fall!" (Trans. H. Erdman).

180	y que si en este tiempo reparada
	no fuese por mi industria esta Corona,
	riesgo corrían ella y mi persona;
	porque este hombre engañoso,
	con palabra de esposo,
185	quebrantando° después la fe debida,
	el fin ocasionara de mi vida.²²
	Supe después, ¡ay triste! de sus labios,
	de mi adversa fortuna los agravios,°
	y así, por no perderos y perderme,
190	no he querido, vasallos, resolverme
	jamás a elegir dueño.
	Mas, ¡ay!, que me ponéis en este empeño,
	(sea o no sea justo)
	a daros Rey me ajusto.
195	Sepa el de Transilvania,
	Chipre, Escocia, y Albania,
	Polonia, Ingalaterra,
	que me podré rendir, mas no por guerra.
	Que esta dulce conquista,
200	sólo ha de conseguirse con la vista
	de una firme asistencia,
	blandura,° agrado, amor, correspondencia.
	Obliguen, galanteen,
	escriban, hablen, sirvan y paseen.
205	Rendirán mi desdén° con su porfía,
	obligarán mi altiva bizarría,°
	y en tanto yo, advertida y desvelada,
	huiré aquella amenaza anticipada.
	Examinando el más constante y firme,
210	pues es fuerza rendirme
	al yugo de Himeneo²³
	que temo y que deseo,

breaking

grievances

softness

disdain
bravery

---

22 Verses 183-186: "This man would use our wedding vows/ to take my life and break all faith" (Trans. H. Erdman).

23 Greek god of wedding ceremonies.

por sólo asegurar vuestro cuidado.
Alcance,° pues, mi amor en vuestro agrado,   reach
215   para determinarme
a morirme o casarme.²⁴
Sólo un año de término preciso;
y si al fin de él halláredes remiso
mi temeroso intento,
220   o me obligad por fuerza al casamiento,
o elegid Rey extraño.
Todos sois nobles y vasallos míos:
ayudadme a vencer los desvaríos
de mi suerte inhumana,
225   pues soy vuestra Señora soberana.°   sovereign
Examinemos quién será el ingrato,
que ha de engañarme con perjuro trato;
busquemos modo o suerte
para huir el influjo adverso y fuerte
230   de aquella profecía esquiva, acerva,
cuyo rigor cobarde el alma observa.
Éste es, Nobles, mi intento,
éste es mi pensamiento,
éste mi ruego° y estos mis temores;   plea
235   estos de mi fortuna los rigores,
y ésta la ejecución con que restaura°   restore
tan triste amago, la infeliz Rosaura.

EMILIO   Emperatriz hermosa,
tu pena lastimosa
240   sentimos como es justo;
y así, tu Majestad haga su gusto
y repare ese daño
en el plazo° de un año,   period
y en él haga experiencia

---

24 Verses 208-216: "I'll flee the fate of which they spoke/ by finding the
most faithful man./ If I must submit to Hymen's yoke—/ —that state that I both
crave and fear—/ then let me assure you with this reply:/ to be most certain, give
me one year,/ and then I will marry or I will die" (Trans. H. Erdman).

245	de la fe, la lealtad° y la obediencia	loyalty
	con que ha de hallar° rendidas	find
	de sus vasallos las honradas vidas.	
	Aqueste parecer de mi fe arguyo;	
	ahora vuestra Alteza diga el suyo;	
250	avise de su intento.	

ROSAURA　　Sea como os [he] dicho.

EMILIO　　Pues, contento
estoy con esto; el reino se restaura.
¡Viva la Emperatriz, viva Rosaura!
Tu nombre en bronce eterno el tiempo escriba.

255　　¡Viva la Emperatriz Rosaura, viva!

(Vanse)

ALDORA　　Suspensa, prima, has quedado.

ROSAURA　　No tengo, Aldora, no tengo
satisfacción de mi suerte.
Aquellos anuncios temo,

260　　y no sé si he de elegir
algún ingrato por dueño,
que el alma que me amenaza
sea bárbaro instrumento.
Quisiera yo, prima mía,

265　　ver y conocer primero
estos caballeros que
mis vasallos me han propuesto.
Y si de alguno me agrada
el arte, presencia e ingenio,° 　　wisdom

270　　saberle la condición
y verle el alma hacia dentro,
el corazón, el agrado,
discurso y entendimiento,
penetrarle la intención,

275   examinarle el concepto
           de su pecho, en lo apacible,°   placid
           o ya ambicioso, o ya necio.
           Mas si nada desto puedo
           saber y me he de arrojar
280   al mar profundo y soberbio°   proud
           de elegir por dueño a un hombre,
           que ha de elegir el Imperio°   empire
           del alma con libertad,
           o ya ambicioso, o ya ciego.
285   ¿Qué gusto puedo tener
           cuando, ¡ay Dios! me considero
           esclava siendo Señora,
           y vasalla siendo dueño?

ALDORA   Discretamente discurres,°   think
290   mas es imposible intento
           penetrar los corazones
           y del alma los secretos.
           Lo más que hoy puedo hacer
           por ti, pues sabes mi ingenio
295   en cuanto a la mágica arte,
           es enseñarte primero,
           en aparentes personas,
           estos Príncipes propuestos
           y si es fuerza conocer
300   las causas por los efectos,
           viendo en lo que se ejercitan,
           será fácil presupuesto
           saber cuál es entendido,
           cuál arrogante, o modesto,
305   cuál discreto y estudioso,
           cuál amoroso, o cuál tierno.²⁵

---

25 Verses 293-306: "Today, the most that I can do/ is use my skill in magical
arts,/ (this skill of which you're well aware)/ to conjure up these various princes,/
making manifest to you/ their outward appearances and looks,/ and since one
is often forced to detect/ something's cause from its effect,/ these forms should

        Y así mismo es contingente
        inclinarte a alguno dellos
        antes que con sus presencias
310   tenga tu decoro empeño,°   *determination*
        no atreviéndose a elegir.

ROSAURA   ¡Oh Aldora, cuánto te debo!
        Si hacer quieres lo que dices,
        presto, prima, presto, presto,
315   pues sabes que las mujeres
        pecamos° en el extremo   *we sin*
        de curiosas, de ordinario.
        Ejercita tus portentos,°   *wonders*
        ejecuta tus prodigios,
320   que ya me muero por verlos.

ALDORA   Presto lo verás; atiende.

ROSAURA   Con toda el alma te atiendo.

ALDORA   Espíritus infelices,[26]
        que en el espantoso reino
325   habitáis, por esas negras
        llamas sin luz y con fuego,
        os conjuro,° apremio y mando   *invoke*
        que juntos mostréis a un tiempo,
        de la suerte que estuvieren,
330   a los Príncipes excelsos,
        de Polonia, a Federico,
        de Transilvania, a Roberto,
        de Escocia, a Eduardo, de Francia,
        Partinuplés. ¿Bastan estos?

---

help you theorize/ which one's wise and likes to study,/ which one's modest, which one's haughty,/ and which one is tender and loving" (Trans. H. Erdman).

26 Lola Luna, citing J. Caro Baroja, notes that through this incantation Aldora is not pleading, worshiping or praying to the spirits. Therefore her magical practices can not be considered heretical (*Conde* 93).

335 ROSAURA   Sí, prima, admirada estoy.

     ALDORA   Ea, haced que en breve tiempo,
                      en aparentes figuras,
                      sean de mi vista objetos.

(*Vuélvese el teatro y descúbrense los cuatro de la manera que los nombra*)

     ROSAURA   Válgame el cielo, ¿qué miro?
340   Hermosa Aldora, ¿qué es esto?

     ALDORA   Éste que miras, galán,
                      que en la luna de un espejo
                      traslada° las perfecciones   move
                      del bizarro, airoso cuerpo,
345   es Federico, Polonio.

                      (*Va señalando a cada uno*)

                      Aquéste que está leyendo
                      estudioso y divertido,
                      es Eduardo, del reino
                      de Escocia, Príncipe noble,
350   sabio, ingenioso y discreto,
                      filósofo y judiciario.
                      Aquél, que de limpio acero
                      adorna el pecho gallardo,
                      es el valiente Roberto,
355   Príncipe de Transilvania.
                      El que allí se ve suspenso,
                      o entretenido mirando
                      el sol de un retrato bello,
                      es Partinuplés famoso,
360   de Francia noble heredero,
                      por sobrino de su Rey,
                      que le ofrece en casamiento

                              a Lisbella, prima suya.
                              Príncipe, noble, modesto,
365   apacible y cortesano,°   courtier
                              valiente, animoso° y cuerdo.   spirited
                              Éste es más digno de ser
                              entre los demás tu dueño,
                              a no estar (como te he dicho)
370   tratado su casamiento
                              con Lisbella.[27]

ROSAURA   ¿Con Lisbella?
                              Por eso, Aldora, por eso
                              me lleva la inclinación
                              aquel hombre.

ALDORA   Impedimento°   obstacle
375   tiene, a ser lo que te digo.

ROSAURA   ¡Ay, Aldora! a no tenerlo,
                              otro me agradara, otro
                              fuera en mi grandeza, empeño
                              de importancia su elección;
380   pero, si le miro ajeno,°   distant
                              ¿cómo es posible dejar,
                              por envidia° o por deseo,   envy
                              de intentar un imposible,
                              aún siendo sus gracias menos?

                   (*Vuélvese el teatro como antes, y cúbrese todo*)

385   Ya se ausentó, y a mis ojos
                              falta el agradable objeto
                              de su vista y queda el alma,

---

27   Verses 367-371: "He's the one among these men/ most worthy to become your lord,/ were he not already, as I've just said,/ engaged to wed Lisbella" (Trans. H. Erdman).

¿diré en la pena o tormento?
Digo en el tormento y pena
390   de su ausencia y de mis celos.°   jealousy

ALDORA   No sé si le llame amor,
Rosaura, a tu arrojamiento
y parece desatino.°   blunder

ROSAURA   Que es desatino confieso.

395 ALDORA   ¿No es galán el de Polonia?
¿No es el de Escocia discreto,
¿Gallardo° el de Transilvania?   gallant

ROSAURA   Si consulta con su espejo
el de Polonia sus gracias,
400   y está dellas satisfecho,
¿cómo podrá para mí
tener, Aldora, requiebros?°   flattery
Si es filósofo el de Escocia,
judiciario y estrellero,
405   ¿cómo podrá acariciarme,°   hold dear
ocupado el pensamiento
y el tiempo siempre en estudio?
Y si es tan bravo Roberto;
¿quién duda que batirá°   will beat
410   de mi pecho el muro tierno
con fuerzas y tiranías,°   tyranny
siendo quizá el monstruo fiero°   ferocious
que amenaza la ruina
de mi vida y de este imperio?

415 ALDORA   ¿No es peor estar rendida°   devoted
a otra beldad?°   beauty

ROSAURA   Es exceso
el que propones, si sabes

que no halla el común proverbio°   proverb
excepción en la grandeza.°   nobility
420   Yo lo difícil intento;
lo fácil es para todos.

ALDORA   Pues, Emperatriz, supuesto
que Partinuplés te agrada,
todo cuanto soy te ofrezco.
425   Yo haré que un retrato° tuyo   portrait
sea brevemente objeto
de su vista, porque amor
comience a hacer sus efectos.
Ven conmigo.[28]

ROSAURA   Voy contigo.
430   Desde hoy, en tu dulce incendio,°   passion
soy humilde mariposa;
tirano Dios, niño ciego.

(Vanse, y haya adentro ruido de caza y luego sale el Rey de Francia, Lisbella, el Conde Partinuplés, Gaulín y criados, de caza todos.)

CRIADO 1 *(Dentro)* Al arroyo van ligeros.°   agile

CRIADO 2   Por esa otra parte, Enrico,
435   Julio, Fabio, Ludovico.

CONDE   Al valle, al valle, monteros.°   hunters

REY   ¡Qué notable ligereza!
O hijos del viento son,
o del fuego exhalación.

---

28 Verses 422-429: "Then since you prefer Partinuplés,/ all that I am, I offer to you./ I'll work my magic so your portrait/ falls for an instant into his sight/ so love may start to work its power./ Come with me." (Trans. H. Erdman).

440	CONDE	Descanse, Señor, tu Alteza;°
		baste la caza por hoy.

Highness

	REY	¿Vienes cansada, Lisbella?

	LISBELLA	Como siguiendo la estrella
		del sol, que mirando estoy.

445	REY	El equívoco° me agrada;
		ese sol, ¿soy yo o tu primo?

bewilderment

	LISBELLA	Tú, pues, en tu luz animo°
		la vida, Señor.

enliven

	GAULÍN	No es nada,
		¿requiebritos en presencia
450		de quien a ser suyo aspira?
		Mas si es justo, ¿qué me admira?

	REY	Habla, pues tienes licencia°
		Partinuplés, a tu esposa.

permission

	CONDE	Cuando sabe que soy suyo,
455		ociosa,° Señor, arguyo
		toda palabra amorosa.
		Porque a mi entender no hay mengua°
		en el amable discreto
		como empeñar el respeto
460		en lo activo de la lengua.
		El que explica libremente
		su amor la verdad desdice,°
		que siente mal lo que dice,
		quien dice bien lo que siente.
465		Yo, que la luz reverencio°
		del sol que en Lisbella adoro,
		por no ofender su decoro°
		la hablo con el silencio.

idle

necessity

refute

revere

decorum

       Que fuera causarla enojos,
470   con discursos pocos sabios,°   wise
       volverla a decir los labios,
       lo que le han dicho los ojos.

REY   Bien encarecido° está,   praised
       sobrino, tu sentimiento.

475 LISBELLA Y yo, de oírte contento,
       también primo, en mí será
       el silencio lengua muda°   mute
       que acredite° tu opinión.   give credit to

      (*Salen dos Pescadores asidos a una caja*)

PESCADOR 1 Mía es.

PESCADOR 2   Mayor acción
480   tengo a su valor, no hay duda,
       pues te la enseñé y así
       la caja, Pinardo, es mía.

PESCADOR 1 Sáquenos desta porfía
       su Alteza, pues está allí;
       démosela.

485 PESCADOR 2   Soy contento.

REY   ¿Qué es esto?

PESCADOR 1 Este pescador
       y yo sacamos, Señor,
       de ese espumoso° elemento,   foamy
       esta caja de una nave°   ship
490   que pasó naufragio° ya   shipwreck
       y por salvarse quizá,
       alijó° su peso grave.   unloaded

Mas, aunque fue de los dos
hallada y ambos queremos
495   su valor, ya le cedemos°   hand over
con gusto, Señor, en vos.

REY   Dios os guarde.

            (*Rompen la caja y sacan un retrato de Rosaura*)

CONDE   Abrirla presto,
veremos qué es.

PESCADOR I   Sólo hay
un retrato.

GAULÍN   ¡Qué cambray!²⁹

500   CONDE   ¡Echó el cielo todo el resto
en su hermosura!

PESCADOR 2   Pinardo,
no trujimos³⁰ mal tesoro.

PESCADOR I   Calla, que estoy hecho un moro
de rabia.

REY   ¡Pincel° gallardo!°   paint brush,
                                                             dashing

505   CONDE   Por Dios, beldad peregrina
ostenta, ¡ay cielos!

GAULÍN   Extraña,
si acaso el pincel no engaña.

---

29 *Cambray*: A type of white and delicate canvas.
30 *Trujimos* = trajimos.

LISBELLA	Dama hermosa.
CONDE	Divina; ¿quién será aquesta mujer?

510 LISBELLA ¿Es gusto o curiosidad,
Partinuplés?

CONDE ¡Qué deidad!°   deity
curiosidad puede ser;
que gusto, fuera de verte,
ni le estimo° ni le quiero.   respect

515 LISBELLA Ya pareces lisonjero, *- flattering*
mas quiero primo creerte.
Señor, una R y una A
tiene aquí; ignoro el sentido.[31]

GAULÍN Pues que me escuches te pido.

REY ¿Sábeslo tú?

520 GAULÍN Claro está.

LISBELLA Si habla cualquiera por sí,
en la R dirá reina,
y en la A...

CONDE En las almas reina.

LISBELLA De Asia o África.

CONDE ¡Ay de mí!

---

31   Verses 515-518: "To me that sounds like flattery,/ but, cousin, I dearly
wish to believe you./ Look, my lord: an "R" and an "A"/ here on the portrait. I'm
puzzled" (Trans. H. Erdman).

525   Que es nombre propio, e imagino
                   puede ser...

GAULÍN   Oíd dos instantes,
                   los sentidos más galantes
                   de mi ingenio peregrino.

REY   Di pues.

GAULÍN   Llámase romana,
530   o rapada o relamida,
                   rayada, rota o raída,
                   rotunda, ratera o rana,   *chistoso*
                   respondona o Rafaela;
                   Ramira, ronca o rijosa,
535   roma, raspada o raposa,
                   rifa, ronquilla o rafuela,
                   o regatona o ratina,
                   y si es enigma más grave,
                   el A quiere decir ave,
540   y la R, de rapiña.[32]

REY   Como de tu ingenio es
                   la conclusión de la cifra.
                                    = *figure*

GAULÍN   Pues, ¿más que no la descifra°   decipher
                   Rodamonte aragonés,
                   con más elegancia?

545 LISBELLA   Celos

---

32   Verses 529-540: "The "R" is for ragged, rageful./ A rat-like, rasping,
railing Ramira/ or Rafaela, rude and repulsive;/ a raving, red-rumped, wretched
raven,/ rotting, rotund, and repellant,/ ready to wrestle until you're raw./ Really,
you'd rather kiss a rodent./ As for the "A", it stands for: Avenging Asp" (Trans.
H. Erdman).

me está dando el Conde ingrato,
divertido en el retrato.

CONDE   ¿Qué es esto que he visto, cielos?
Rendido está a los primores°   virtues
550   de aquel pincel mis sentidos.

GAULÍN   Muy buena hacienda han traído
los amigos pescadores;°   fishermen
bien puede darles Lisbella,
su hallazgo.°   discovery

CONDE   Gaulín, desde hoy
555   sabrá Lisbella que soy
sombra desta imagen bella.

GAULÍN   Mira que de exceso pasa
tu locura.

CONDE   ¡Qué rigor!
Disimulemos, amor,
560   el incendio que me abrasa.°   burns

LISBELLA   (*Aparte*) ¿Qué pague desta manera
mi amor, el Conde? ¿Qué haré
cielos! ¿Disimularé
su ocasión?

(*Dentro*)

VOCES   ¡Guarda la fiera!°   beast

565   REY   Aquella voz me convida,°   invites
venid, sobrinos, conmigo.

LISBELLA   Ya voy.

CONDE	Yo, Señor, te sigo.
REY	Da el retrato, por tu vida,
	a quien le guarde; después
570	tendréis los dos premio justo.
PESCADOR I	El saber que es de tu gusto,
	es el mayor interés.
CONDE	De mi brazo y de mi aliento° breath
	no has de poder escaparte, ° escape
575	si no te esconde° la tierra; hide
	aguarda,° fiera. wait
GAULÍN	No aguardes.

(Sale el Conde tras una fiera vestida de pieles, vale a dar y vuélvese una tramoya, y aparece Rosaura como está pintada en el retrato)

CONDE	Espera, monstruo ligero.
GAULÍN	Señor, que es gran disparate;
	hombre, que te precipitas° accelerate
	a morir.
580	CONDE	Temor° infame, fear
	esto ha de ser. ¡Todo el cielo
	me valga!
GAULÍN	¡Bizarro lance,
	que buscando una fiera,
	una belleza se hallase
585	mi amo! ¿Qué más ventura?
	¡Y que yo nunca me halle
	sino es uno que me mienta,
	sino es cuatro que me engañen,
	cuarenta que me apaleen,

590	cuatrocientos que me estafen!°	deceive
	Sin duda que esto consiste	
	en el ánimo, animarme	
	quiero y buscar mi ventura;	
	ya podrá ser que topase,°	run into
595	en vez de moza° una sierpe,°	young lady, sn
	y en vez de un talego° un fraile.°	long sack, fria
	Mas, ¿qué es aquello? Mi amo	
	parece que está en éxtasis,	
	o que a lo de *resurrexit*,	
600	judío asombrado yace.	
	Yo quiero ver qué resulta	
	de suspensiones tan grandes	
	que, si no me engaño, ya	
	parece que quiere hablarle.³³	

605	CONDE	Cuando fiera te seguí,	
		monstruo, mujer o deidad,	
		ignorando tu crueldad,	
		sólo a un riesgo me ofrecí.	
		Pero ya descubre en ti	
610		más peligros mi flaqueza,°	weakness
		pues cuando de tu fiereza°	ferocity
		libre examine el rigor,	
		mal podré, muerto de amor,	
		librarme de tu belleza.	
615		Tu hermosura y tu cautela	
		se han conjurado en mi daño,	
		que una se viste de engaño,	
		y otra a la fiereza apela.	
		No en vano el temor recela°	distrust
620		dar riesgos después de verte,	
		pues desta o de aquella suerte	

---

33 Verses 597-604: "But look over there! I'll be blasted!/ My master's rapt, in ecstasy!/ He's ready to yell "*Re[s]urrexit*";/ he's seen the light, like a wide-eyed Jew./ I'd like to see what comes of this/ suspended tension and confusion./ Now he wants to speak to it" (Trans. H. Erdman).

vienes a ser mi homicida.
¿Y si, fiera cruel, das vida,
beldad piadosa° das muerte?   merciful
625 ¿Eres de este valle diosa?
¿Eres ninfa° de este monte?   nymph
¿Cuál es el sacro horizonte
de tu aurora milagrosa?
Muda fiera, enigma hermosa
630 de aquel retrato que al arte
por tuyo excede, ¿en qué parte
vives, asistes o estás?

ROSAURA   Si me buscas, me hallarás.

(Desaparece Rosaura)

CONDE   Voy con el alma a buscarte.
635 ¿Por qué a mis ojos te niegas,
bello hechizo, hermoso áspid?°   asp
GAULÍN   Vive Cristo, que a mi amo
le han dado con la del martes.[34]

CONDE   ¿Por qué te escondes y dejas
640 burlada° mi fe constante?   mocked
"Si me buscas, me hallarás,"
dijiste, y cuando buscarte
quiero, ligera desprecias°   despise
mis esperanzas amantes.
645 ¡Qué haré, cielos! ¿Qué he de hacer?
O respondedme o matadme.

(Vase)

GAULÍN   En tanto que el Conde está

---

34 Martes is the "day of bad omen for itinerants and prisoners" (Luna, *Conde* 108).

~ sighing

dando suspiros al aire,

even

he de buscar mi ventura,

650 siquiera por imitarle.
Ea, a la mano de Dios,
venzamos dificultades
de miedo, si acaso topan
mis dichas en animarme;
655 que será posible, pues,
a los atrevidos hace
fortunilla los cortijos,°   rural estates
que me ayude favorable.
Quiero ver: aquí no hay nada.[35]

(Busca y sale el Conde)

660 CONDE   Estos verdes arrayanes°   myrtles
fueron de su planta alfombra,
siendo del campo plumajes.
¡Vive el cielo, que estoy loco!

I will bet

GAULÍN   Apostaré que dice alguien,   — beat around the bush
665 que esto es andar por las ramas;
mas entre aquellos dos sauces°   willows
veo la sombra de un sol,
sin nubes y con celajes.

(Aparécesele Aldora al otro lado, entre unos árboles)

Vive Dios que di con él.
670 todo el cielo se me cae
encima que llueven glorias.

---

35 Verses 647-659: "As long as he's sighing into the air,/ I might as well take my chances too,/ and give a try at being like him./ By the hand of God, let's defeat/ the difficulties caused by fear!/ May I somehow catch some courage—/ anything's possible. Daring men/ get rewarded with an entire brothel./ I'm keen to see what's my reward./ Let's take a look...nothing this way..." (Trans. H. Erdman).

Esta es runfla[36] sin descarte,° — discarded cards
perla sin concha y almendra° — almond
sin cáscara, o sin ropaje° — robe
675 de engaños ni de fiereza,
la muchacha es como un ángel.
¡Oh, animal, el más hermoso
de todos los animales!

CONDE   Aquí he perdido mi bien,
680 y aquí, cielos, he de hallarle.
Bosques,° fieras, espesuras,° — forests, thick veg-
campos, prados,° montes, valles, — etation; meadows
ríos, plantas, pajarillos,
fuentes, arroyos,° cristales, — streams
685 decid: ¿dónde está mi bien?

(Vase)

GAULÍN   Orlando furioso,[37] tate;
cada loco con su tema,
pues antes, Reina, pues antes,
que me dé otro trascartón.

(Vála a coger y vuela, y sale un león y coge a Gaulín, y sale el Conde)

CONDE   ¿Dónde iré?

690 GAULÍN   Cielos, libradme,
ya que mi amo no quiere.

CONDE   ¿Qué es esto?

GAULÍN   Es para la tarde.

---

36 Runfla: a game of cards.
37 Orlando furioso is an epic poem written by Ludovico Ariosto.

(*Va a dar al león y se desaparece*)

CONDE　　　¡Oh, fiero león, espera!
　　　　　　Desvaneció° en un instante　　　　　　　　　　vanished
　　　　　　su espantosa° forma.　　　　　　　　　　　　frightening

695　GAULÍN　　　　　　　　　　　　¡Ay Dios!
　　　　　　Todo estoy hecho vinagre.
　　　　　　Mira, Señor, si me ha herido,°　　　　　　　has wounded
　　　　　　que por estos arrabales°　　　　　　　　　suburban slur
　　　　　　parece que estoy sudando,°　　　　　　　　sweating
700　　　　　aunque no aromas fragantes.

CONDE　　　No estás herido, sosiega.°　　　　　　　　calm down

GAULÍN　　　¿De verdad?

CONDE　　　　　　　　　¿He de engañarte?

GAULÍN　　　No, pero será posible
　　　　　　que a ti la vista te engañe;
705　　　　　pero no el olfato a mí,　　　　　　　　　smell
　　　　　　no acabo de santiguarme.[38]
　　　　　　¡Jesús mil veces, Jesús!
　　　　　　¡Qué tierra de barrabases
　　　　　　es ésta donde no hallamos
710　　　　　sino fieras y animales
　　　　　　que burlen y que aporreen![39]

CONDE　　　Confuso estoy.

(*Suenan truenos*)

38　*Santiguar* = to make the sign of the cross.
39　Verses 708-710: "What land of Barabbases is this,/ brimming with beasts and wild things/ that beat and abuse us?" (Trans. H. Erdman).

GAULÍN   Yo cobarde.
                Pues mira que truenecitos,°   thunders
                hoy damos con todo al traste.
715   ¿Si es Tesalia⁴⁰ o la engañosa   *pleasant stay*
                de Circe?⁴¹ Estancia agradable;
                salgamos presto, Señor,
                della, que se cubre el aire
                de nubes y exhalaciones.⁴²

720 CONDE   ¿Cómo es posible alejarme
                de este sitio, si en él dejo
                del alma la mayor parte?

     GAULÍN   Déjala toda y partamos,
                que al alma no han de tocarle
725   en un pelo de la ropa.
                A estos cuerpos miserables
                es fuerza que les busquemos
                albergue° donde se guarden;   refuge
                fuera de que el Rey, tu tío,
730   y tu esposa han de buscarte,
                y han de estar perdiendo el juicio⁴³
                de ver que así los dejaste.
                Rayo es aquel, ¡Santa Prisca,
                Santa Bárbara,⁴⁴ Santo Ángel!

---

40 *Tesalia* = Thessaly. According to C. Walde, "Thessaly traditionally is a literary landscape haunted by the most powerful witches in the world" (123).

41 In Homer's *Odyssey*, Circe is a powerful sorceress who transforms Odysseus' men into pigs.

42 Verses 713-719: "Do you hear that thunder?/ Now we're finished. Did we somehow/ wander into the groves of Thessaly?/ Is she deceitful Circe herself?/ Let's call it a day for our little outing/ and hit the road. Look at the sky—/ filling up with clouds and vapor" (Trans. H. Erdman).

43 *Perder el juicio* = loose one's mind.

44 Santa Bárbara is a saint invoked for protection against thunder and lightning.

735   Salgamos presto de aquí.[45]

CONDE   ¿Dónde podrás ocultarte
                 de la inclemencia° del tiempo?   harshness

GAULÍN   Del tiempo, en ninguna parte,
                 porque todo está azureña
740   rasa, mas para librarte
                 de las fieras destos montes
                 esta noche, allí nos hace
                 del ojo una nao,° que está   ship
                 varada° en aquel paraje,°   stranded, locat
745   que debieron de dejar
                 surca allí los temporales;°   storms
                 y aunque está desarbolada,°   dismasted
                 sin jarcias° y sin velamen°   riggings, sails
                 para navegar, al menos
750   podrá, esta noche albergarte   *I shelter you*
                 de las fieras, como digo.

CONDE   Tus miedos han de obligarme
                 a perderme.

GAULÍN   Acaba presto,
                 mira, Señor, que es ganarte.

CONDE   Vamos, si es ganarme.

755 GAULÍN   Ven,
                 que de ti quiero agarrarme. *- grab me*

CONDE   Fiera hermosa, aunque me voy,
                 presto volveré a buscarte.

---

45   Verses 733-735: "Heavenly angels—lightning!/ Santa Prisca, Santa Barbara,/ San Angel, get us the holy hell/ out of here!" (Trans. H. Erdman).

ACTO SEGUNDO

(Salen el Conde y Gaulín)

CONDE	¡Notable navegación!
760	Si no pasara por mí
	no creyera tal.

               ᵢ believe

GAULÍN   Yo sí
y sin mayor confusión
(después de tanto tormento)
es ver un navío seguro
765   sin piloto Palinuro,⁴⁶
que sin embate ni viento,
tan sosegado° tomase   peaceful
puerto en esta playa, caso
que ahora parece acaso.

770 CONDE   ¡Que se fuese y me dejase!

GAULÍN   Que es gran maravilla, pienso,
o alguna extraña aventura.

CONDE   ¡Qué prodigiosa° hermosura!   extraordinary

GAULÍN   ¿De qué estás, Señor, suspenso?°   astonished

775 CONDE   El sentido he de perder.

GAULÍN *(Aparte)* Él ha dado en mentecato.°   fool

CONDE   ¡Oh peregrino retrato,

---

46 In Virgil's *Aeneid*, Palinuro was the pilot of Aeneas' ship.

oh bellísima mujer!⁴⁷

	GAULÍN	Señor, que te echas a pique
780		haciéndole al juicio quiebra.
		¿No ves que te dio culebra,
		la fiera por alambique
		vuelta en dama, y que sin duda,
		fue algún espíritu malo?⁴⁸

785	CONDE	A un ángel, Gaulín, la igualo;
		de ese pensamiento muda.

	GAULÍN	Con eso me desbautizo,
		me enfurezco,° me remato. infuriate
		¿No ves que fue ruido hechizo?
790		Pues luego ver una fiera
		y transformarse en mujer,
		(aunque no hay mucho que hacer)
		¿Quién, sino el diablo, lo hiciera?
		Entrarnos en un navío
795		desarbolado y al punto
		verlo con jarcias, pregunto,
		¿quién pudo hacerlo, amo mío?
		No ver quién lo gobernaba,
		quién, cosa y cómo guió
800		hasta aquí, pregunto yo,
		¿quién lo hizo, Señor?⁴⁹

---

47   Verses 777-778: "Amazing portrait! Ravishing woman!" (Trans. H. Erdman).

48   Verses 779-784: "Sir, your judgment has hit the rocks./ Don't you see, that reptile lady/ has got you bit just like a snake?/ I'm sure it was some evil spirit" (Trans. H. Erdman).

49   Verses 787-801: "In that case, I renounce my faith./ It's all over. Call it a day./ Don't you see it was witchcraft?/ A beast suddenly becoming a woman?/ (Granted, that's not much of a change.)/ Only the Devil could have done it./ We board a ship without a mast,/ and it gets rigged up in a minute,/ no trace of who's guiding the thing,/ and then it brings us here. I have to ask:/ who could have done it?" (Trans. H. Erdman).

CONDE	Acaba, fortuna.
GAULÍN	Gentil despacho, linda urdimbre° y mejor trama, retrato, nao, fiera y dama, fortuna.

intrigue

805 CONDE   Calla, borracho.

GAULÍN   Yo de hambre y sed, vive el cielo,
            tengo lánguido el bulto.[50]

CONDE   Ahora, Gaulín, dificulto
            el comer.

GAULÍN   ¡Qué gran consuelo
810   fuera para mí el hallar
            una santa chimenea!
            Mas, vive Dios, que humea
            hacia allí, no hay que dudar.[51]

CONDE   ¿Qué? ¿Estás loco?

GAULÍN   No estoy loco.

815 CONDE   De tu humor me maravillo.

GAULÍN   Morirá, hay un castillo

---

50   Verses 806-807: "I'm dying of thirst. And my belly/ is rumbling with
hunger" (Trans. H. Erdman).

51   Verses 809-813: "It would be a holy blessing/ if we stumbled upon a
hearth./ But God help me, over there,/ no doubt about it—smoke is rising!"
(Trans. H. Erdman).

bellísimo.

CONDE Espera un poco,
    dices bien, yo he de ir allá.

(Mirando el Conde hacia donde estará pintado un castillo)

GAULÍN Vamos, aunque sea al abismo,°   abyss
820   contigo, al infierno mismo
    no temeré, claro está,
    porque es cierta conclusión,
    que contradicción no implica,
    que quien anda en la botica,
825   ha de oler al diaquilón.[52]

CONDE Entra, pues.

GAULÍN   Ya, Señor, entro,
    si puedo, que el miedo sabio
    azoga el aliento al labio,
    mas él se quedó allá dentro.

(Entran en el castillo y salen Aldora y Rosaura)

830 ALDORA Ya en el castillo la tienes,
    ¿qué intentas hacer ahora?

ROSAURA Darme de mi dicha,° Aldora,   happiness
    venturosos parabienes.

ALDORA Y en fin, ¿mañana has de dar
835   a los príncipes audiencia?°   hearing

---

52 Verses 820-825: "I'll follow him straight into hell,/ unafraid, for, as they say, if/ you stick your hand in the medicine jar,/ you're going to get some treatment" (Trans. H. Erdman).

ROSAURA   Sí, aunque es vana° diligencia,   vain
que sólo el Conde he de amar.

(*Mirando a la puerta derecha*)

ALDORA   Pues ya viene allí.

ROSAURA   Procura
que no nos vea.

ALDORA   Es error, ven.

(*Vanse y salen el Conde y Gaulín temblando*)

840   GAULÍN   Buen ánimo, señor,
que dizque° todo es ventura.   apparently
Mas no sé si me resuelva
a parecer alentado,°   encouraged
porque aún no se me ha olvidado
845   el leoncillo de la selva.°   jungle

(*Mirando las paredes*)

CONDE   Hermosa estancia,° Gaulín,   room
y vestida ricamente.

GAULÍN   Sí, mas no hemos visto gente
en sala, ni camarín,°   niche
850   patio, tinelo° o cocina,   dining room
de su distrito apacible,
ni un ápice comestible,[53]
cosa que me desatina.

___

53   Verses 848-852: "Yes, and not a soul in sight/ in receiving room or courtyard/ or banquet hall or kitchen./ In the entire peaceful premises/ there's not a piece of anything/ remotely edible" (Trans. H. Erdman).

CONDE   ¿Hambre tienes?

GAULÍN   Claro está,
855   que es contrario poderoso.
           ¿Tengo yo cuerpo glorioso,
           como tú, Señor?; mas ya,

           (*Saquen una mesa, sin que se vea quién, con mucho
           aparato y ponen una silla arrimada al paño*)

           sin ver ni oír quién la pone,
           silla y mesa tienes puesta,
860   grandiosa ventura es ésta,
           que la suerte te dispone.

CONDE   Cosas son éstas, Gaulín,
           que no le dejan recurso
           a la razón ni al discurso,
865   encaminados a un fin.
           Miro varios accidentes,
           cuyas conjeturas son
           para el alma confusión.

GAULÍN   Lo mejor es que te sientes.
870   Todos los medios que has visto,
           te guiaron a este empeño.
           Come, no se enoje el dueño
           de casa, por Jesucristo.
           Agradece el hospedaje°   lodging
875   aunque sea cumplimiento.[54]

CONDE   No entiendo tanto portento.

---

       54   Verses 869-875: "The best solution/ is to sit and eat. Everything's
clearly/ pointing that way. For Christ's sake,/ let's show the host appreciation/
for all his hospitality/ before he gets upset with us" (Trans. H. Erdman).

GAULÍN   Come, pesia a mi linaje.°   lineage

CONDE   ¡Válgame, Dios, si no fuera
              mi corazón tan valiente!

880   GAULÍN No seas impertinente,°   rude
              que la comida te espera.

CONDE   Por no parecer ingrato,
              me mostraré agradecido.
              Mas, por Dios.

GAULÍN   Ya me he comido
885   yo con los ojos un plato.

CONDE   Que excusara el beneficio,
              excusando el bienhechor.°   benefactor

GAULÍN   No des en eso, Señor,
                           acaba.

CONDE   Pierdo el juicio.

GAULÍN   Siéntate.

(Siéntase y quitan la toalla de encima, por dentro de la mesa)

890   CONDE   Siéntome, pues.

GAULÍN   Y esto no lo hace el diablo,
              pues, por Dios, que no soy Pablo,[55]
              ni Onofre[56] mi amo es.
              Música, a fuer de Señor

---

55 *Pablo* = Saint Paul.

56 *Onofre* = Saint Onuphrius. An Egyptian-born friar who lived as a
hermit in the dessert for seventy years during the Middle Ages (Soufas, *Women's*
318).

te tratan.[57]

(Tocan guitarras dentro)

895   CONDE   Déjame oír.

    GAULÍN   Que nos dejaran muquir,°   eat
                fuera el regalo mayor.

(Canten, y coma el Conde los platos que le sirven por debajo de la mesa)

    CONDE   Dulce engaño, ¿dónde estás?
                Que ciego ignoro la parte
900   donde mi amor puede hallarte.

    (Cantan)   Si me buscas, me hallarás.

    CONDE   "Si me buscas, me hallarás."
                El final de aquella letra,
                toda el alma me penetra.

905   GAULÍN   Advierte que cantan más.

    Voz (Sola canta) Si acaso ignoras de amor
                esta enigma venturosa,
                en la más dificultosa
                más se conoce el valor;
910   no te parezca rigor
                la duda que viendo estás.

    TODOS   Si me buscas, me hallarás.

---

57   Verses 891-894: "If this isn't the work of the devil?/ Must I suffer like San Pablo/ because he thinks he's San Onofre?" (Trans. H. Erdman).

| CONDE | Al alma me hablan, gran día, |
| | Gaulín, para tí. |

(Comiendo el Conde siempre)

| GAULÍN | Es preciso |
| 915 | si lleno este paraíso. |

CONDE	Come éste, por vida mía,
	pues esta licencia da
	el ver que nadie nos ve.

(Apártale una empanada que estará a una esquina de la mesa)

| GAULÍN | Dios te de vida, que a fe, |
| 920 | que la deseaba ya. |

(Al tomarla, ábrela y salen cuatro o seis pájaros vivos della)

	¿Qué es esto? Burla° excusada;	taunt
	luego que empanada vi,
	por Dios vivo, que temí
	que me daban en pan nada.[58]

| CONDE | Pues, ¿qué fue? |

925	GAULÍN	Nada presumas
	que fue, pues en un momento,
	los pájaros en el viento
	forman abriles de plumas:

---

58 The verses that contain the words "...empanada... en pan nada" portray a play on words that sound similar, known as 'paronomasia' (Luna, *Conde* 122). Erdman translates verses 921-923 as follows: "What's this?/ Some sort of pointless joke?/ First I see an empanada,/ then it flies away, and I've got 'nada.' "

volaron, en conclusión.[59]

> (*Bebe el Conde y al darle el vaso a Gaulín se lo quitan de la mano*)

CONDE Brindis.

930 GAULÍN *Salutem et pacem*,
aunque sin razón me hacen,
digo que haré la razón.

> (*Quítanle la bebida ahora*)

CONDE ¿Qué es esto?

GAULÍN   ¿Qué puede ser
sino la mala ventura°   luck
935 que me sigue y me procura
desbautizar y ofender?
¿Soy zurdo?° ¿Soy corcovado?° left-handed,
¿Cómo me tratan así?   hunchback

CONDE Come, Gaulín, come aquí
940 en este plato, a este lado,

> (*Pásase al otro lado*)

huéspedes° somos los dos;   guests
quizá aquí estarás seguro.°   safe

> (*Al comer del plato que le aparta el Conde, se le quitan de la mano*)

GAULÍN ¡Oh, maestresala,° perjuro, waiter
quién te viera, vive Dios,
945 que éste es rigor inhumano!° inhumane

---

59 Verses 925-929: "Those hasty quills forgot to write/ the story of my luscious meal:/ they flew right to their conclusion" (Trans. H. Erdman).

CONDE	Calla y el semblante alegra.

GAULÍN   Pues lleve el diablo a mi suegra.
¿Soy camaleón cristiano?
¿Para esto nos han traído?
950   Mal haya, amén, la venida.

(*Vuelven a cantar*)

CONDE   ¿Cantan? Oye, por mi vida.

GAULÍN   Oye tú, pues has comido.

UNA VOZ   Probé lágrimas vertidas
y enjutos° ojos serenos,   sad
955   y sé que no cuestan menos,
lloradas que detenidas.

CONDE   Buscaré; pues que me anima
esta dicha.

GAULÍN   De la mesa
he de tomar esta presa.°   piece of meat

(*Va a tomar un plato, y agárranle de la mano, y tiénensela*)

     ¿Por qué? ¿Por qué me lastimas?°   hurt me
960   ¿Qué te he hecho? ¿Qué te he hecho,
mujer, hombre o Satanás?

(*Suéltanle, levántase el Conde y meten la mesa*)

     ¿No comes más?

CONDE   Ya no más.

GAULÍN   Hágate muy buen provecho,[60]
965   tú has comido y ¡ay del triste
               que está en ayunas!°   fasting

CONDE   ¡Prodigios *prodigies*
               me suceden!

GAULÍN   Vive Dios,
               que estoy hambriento y mohíno.°   sad
970   Ya es de noche y encerrados
               en esta trampa° o castillo   trap
               estamos, sin luz, sin camas;
               por Dios que pierdo el juicio.
               ¡Parece, Señor, que adrede,°   intentionally
               aún más presto° ha anochecido   faster
               que otras veces!

975   CONDE   No te aflijas.

GAULÍN   ¡Gran flema, gentil alivio!,
               encerrados y sin luz,
               sin saber la parte o sitio
               donde estamos. Claro está
980   que éste es encanto o hechizo
               del demonio, o por lo menos
               estamos entre enemigos
               de la fe.[61]

CONDE   Aunque sean demonios,
               resistirlos.

GAULÍN   ¿Resistirlos?

---

60 *Buen provecho* = Bon appétite .
61 *Enemigos de la fe*: Those who go against the precepts of the Catholic
Faith.

985   yo no estoy para reñir,
                y tengo el bulto vacío,   Bulk
                y no haré más. ¡Dios me valga![62]

              (Sale Rosaura a oscuras y tropieza al salir)

ROSAURA	Tropecé.° ¡Dios sea conmigo! *triped over*
GAULÍN	No tan malo, ¿oyes, Señor? A Dios nombró. *(Con miedo)*

990   CONDE   Ya lo he oído;
                ¿Quién va allá?

ROSAURA   ¿Quién habla aquí?

CONDE   Un hombre.

ROSAURA   Pues, ¿qué motivo
                le ha traído a profanar°   *desecrate*
                de mi palacio el retiro?°   *retreat*

CONDE   La ocasión.

995   ROSAURA   ¿De qué manera?

CONDE   Yo lo ignoro, por Dios vivo.

ROSAURA   Pues, ¿quién os trujo?

CONDE   No sé.

ROSAURA   ¿Qué buscáis?

---

   62 Verses 985-987: "Resist it? How?/ I'm not in the mood for fighting back,/ my belly's empty, and that's that./ God help me!" (Trans. H. Erdman).

CONDE   Un laberinto.°   labyrinth

ROSAURA   Y, ¿queréis salir de él?

CONDE   Sí,
1000   si vos me dais luz [e] hilo.

                                        ¿? calmar

ROSAURA   Ahora bien, sosegaos, Conde.

CONDE   ¡Válgame Dios! ¿Quién os dijo
                 quien soy?

ROSAURA   Quien lo sabe.

CONDE   Basta;
                 que digáis, os suplico,°   I beg you
                 quién sois.

1005   ROSAURA   Soy una mujer
                 que os quiere.

CONDE   El favor estimo.

GAULÍN   Plegue a Dios que por bien sea.

ROSAURA   Ya que le paguéis aspiro.

CONDE   Si aspiráis a eso, no
1010   desluzcáis el beneficio
                 en ocultaros° de mí.   hiding

ROSAURA   El ocultarme es preciso
                 por algún tiempo.

CONDE   Es rigor.

ROSAURA   Es fuerza.

CONDE   ¡Oh, qué barbarismo!
                    ¿Queréisme bien?

1015   ROSAURA   Os adoro.

CONDE   Pues, ¿qué teméis?

ROSAURA   A vos mismo.

CONDE   ¿No sois digna de mi amor?
           Decid.

ROSAURA   Sujeto sois digno°   worthy
           de vuestro amor.

CONDE   Pues, ¿por qué,
1020   cuando me tenéis rendido
       en vuestro poder y estáis
       satisfecha de lo dicho,
       me negáis vuestra hermosura,
       privando el mejor sentido
1025   del gusto en su bello objeto?

ROSAURA   No apuremos silogismos;°   syllogisms
           confieso que es el más noble,
           más pronto, más advertido
           que los demás, pero yo,
1030   para acrisolar° lo fino   purify
           del oro de vuestra fe,
           árbitro hago el oído
           en su juicio afianzado
           de mis dichas lo propicio°   favorable
1035   con misterioso decoro,
       demás que me habéis visto
       y os he parecido bien.

CONDE   ¿Yo? ¿Cuándo?

ROSAURA   No he de decirlo,
               tiempo vendrá en que sepáis
1040   quién soy y lo que os estimo.

GAULÍN (*Aparte*) Brava maula,° vive Dios,   trickster
               que lo cogió al espartillo.

CONDE   ¿Que al fin no queréis que os vea?

ROSAURA   No puedo.

CONDE   ¡Raro capricho!°   whim

1045 ROSAURA Conde, creedme y queredme; ✦
               ciego° es amor.   blind

CONDE   Ciego y niño,
               cuya materia alimenta
               los espíritus visivos
               de dos que se corresponden.

1050 ROSAURA Débaos yo haberme creído,
               pues me debéis lo que os quiero.

CONDE   No me obligáis.

ROSAURA   Sí, os obligo.
               Ahora descansad; el lecho
               os espera.

CONDE   No es alivio
1055   el lecho para quien tiene

tan desvelado el juicio.[63]

ROSAURA Pues que os desveléis me importa,
que para cierto designio°   plan
os he menester.°   need

1060 CONDE Si valgo para serviros,
dichoso yo, ahora estaré
contento y agradecido.

ROSAURA Ea, entráos a reposar,
que una antorcha os dará aviso.
Seguidla.

1065 CONDE   Esperad, oíd.

ROSAURA No puedo, adiós.

            (*Vase*)

CONDE   ¿Has oído
lo que me pasa, Gaulín?

GAULÍN Y estoy temblando° de oírlo.   shaking

CONDE ¿Quién será aquesta mujer?

1070 GAULÍN Bruja, monstruo o cocodrilo
será, pues tanto se esconde.
Allí viene el hacha, asido
de tí me tengo de entrar.[64]

---

63 Verses 1055-1056: "Bed is no rest for a man/ whose mind is wild and restless" (Trans. H. Erdman).

64 Verses 1070-1073: "A witch,/ a monster, a crocodile, the way she lurks/ and hides herself! There's the taper./ I'm clinging to you as we go" (Trans. H. Erdman).

CONDE	La luz por mi norte sigo.

1075 GAULÍN   Yo la tuya por mi sol.

(*Sale un hacha por una puerta y vase por otra, y el Conde y se va
tras ella, y agarra a Gaulín Aldora antes de entrar*)

ALDORA   ¿Dónde vas tú?

GAULÍN   ¡San Patricio!
              Donde su merced° mandare;   your highness
              siguiendo iba cierto amigo
              a quien un ángel o un cielo
1080   hoy hace amigable hospicio.[65]
              Mas, dónde su merced está,
      (*Aparte*)   (virtud quiero hacer el vicio.
              ¡oh gran necedad del miedo!)
              no he menester, imagino,
              más favor.

1085 ALDORA   ¿Ángel o cielo?

GAULÍN   Sí, Señora.

ALDORA   ¿Habéisla visto?

GAULÍN   No, Señora.

ALDORA   Siempre habláis
              de cabeza.[66]

GAULÍN   Pues, ¿qué he dicho?

ALDORA   Nada; que rata, ratera,

---

65 *Amigable hospicio* = hospitality.
66 Aldora tells Gaulín that he always speaks absurdly.

1090   roma, raída, ronquillo.

GAULIN   Rastillo.°   rake

ALDORA   Raposa, raída, rana,
               relamida.

GAULÍN   ¡San Remigio!⁶⁷

ALDORA   ¿No es hablar?

GAULÍN   Soy, re, fa,
1095   mi, sol (la piedad te pido),
            un rastrojo,⁶⁸ un remendón,°   cobbler
            un repostero,° un rengifo,⁶⁹   butler
            un repollo.

ALDORA   Bien está.

GAULÍN   Y tu esclavo.°   slave

ALDORA   Ven conmigo,
1100   que de todas esas erres
            has de llevar un recibo.

GAULÍN   ¿Relámpagos° a estas horas?   lightning
          Sobre mí dió el remolino.° (*Vanse*)   whirlwind

---

   67 *San Remigio* = Saint Remigius. He was a French saint who performed numerous miracles and was famous for his wisdom. Verses 1089-1093: ALDORA: "Nothing. Just ragged,/ rageful, rasping, repellant, rotting,/ repulsive." GAULÍN: "Regrettable." ALDORA: "You would rather kiss a rodent." GAULÍN: "Rescue me, San Remigio!" (Trans. H. Erdman).

   68 Metaphorically, a *rastrojo* is a "sign of something evil" (Luna, *Conde* 131).

   69 According to Luna, *rengifo* is probably refering to Juan Díaz Rengifo; author of the *Arte poética española*, published in 1592 (*Conde* 131).

(*Salen Emilio y Roberto de Transilvania*)

ROBERTO   Como quien dice amor dice impaciencia,°   impatience
1105   hoy que Rosaura hermosa nos da audiencia,
            a esta justa de amor, aventurero°   adventurous
            vengo, Emilio, el primero.

EMILIO   Quien primero en grandezas siempre ha sido,
            primero, claro está, será elegido.

1110 ROBERTO   No me prometo de mis dichas tanto.

(*Sale Federico de Polonia*)

FEDERICO   Si me premiase amor, pues sabe cuánto
            lo deseo.

(*Sale Eduardo de Escocia*)

EDUARDO   De amor los tribunales
            solicitamos hoy con memoriales.[70]

FEDERICO   ¿Qué hay, famoso Roberto?

1115 ROBERTO   De amor al triunfo incierto,
            tres concurrimos. ¡Lance peligroso!

FEDERICO   Si el mérito se advierte,
            yo estoy desconfiando de mi suerte.

ROBERTO   Pues, si el común proverbio mi fe esfuerza,
1120   yo, Príncipe, seré feliz por fuerza;
            si al fin como mujer Rosaura elige,
            si ya no es que deidad mayor la rige.°   govern

---

70 *Memorial*: Document used to make a petition to the court or tribunal.

Emilio	Caballeros, su Alteza.	

(Salen Rosaura, Aldora y acompañamiento)

Federico	¡Qué majestad!	
Eduardo	¡Qué garbo!°	elegance
Roberto	¡Qué belleza!	

1125 Emilio   Aquí están, gran Señora,
        los Príncipes heroicos.

Rosaura   ¡Ay, Aldora, que han de cansarse en vano!

Emilio   El escocés,° polonio° y transilvano.°   Scotsman, Pole,
                                                    Transylvanian

Aldora   No excusas agasajos° repetidos.   warm welcome

1130 Rosaura   Sean vuestras altezas bien venidos.

Roberto   Quien ya os pudo ver, no se ha excusado
        de ser en cualquier tiempo bien llegado.

Rosaura   Lisonja o cortesía,°   courtesy
        es de estimar. Sentáos, por vida mía.

*(Después de haberse asentado la Infanta, van tomando
asiento, diciendo cada uno estos versos, cogiéndola en medio)*

interesting)

1135 Eduardo   A tal precepto, mi obediencia ajusto.

Roberto   Soy vuestro esclavo.

Federico   Obedecer es justo.

Rosaura   Supuesto que el ruido

de la fama ligera os ha traído,
oh príncipes excelsos,° que la fama   sublime

1140   clarín es ya que llama
por dote° o por belleza al casamiento,   qualities
y el mío solicita vuestro intento,
cualquiera digresión es excusada.
Admitiros me agrada,

1145   sea el buscarme gusto o conveniencia.
Hablad.

ROBERTO   ¡Qué gran valor!

EDUARDO   ¡Qué gran prudencia!

ROBERTO   Habla tú, Federico.

FEDERICO   Por no ocupar el tiempo, no replico.°   answer
Yo soy, Rosaura hermosa,

(*Levántase y hace cortesía*)

1150   de la provincia fértil y abundosa
de Polonia, heredero,
no con riquezas obligaros quiero,
parias[71] de plata y oro;
aunque es grande el tesoro,   *orgilloso*

1155   que hoy dispende[72] mi padre, Segismundo,
por el mayor del mundo,
que el más rico, según mi sentimiento,
es el vivir pacífico y contento.
De su reino leal° obedecido,   loyal

1160   de todos los extraños bien querido.
Yo, pues, como publico,

71 *Paria*: Tribute paid by one prince to another (qtd. in Luna, *Conde* 134).
72 *Dispende*, works as the verb *despender*: "To spend one's personal wealth"
(*Diccionario de Autoridades*).

soy, Señora, el polonio Federico.
Esto que soy, a vuestra alteza ofrezco,
y sé que no merezco°   I don't deserve
1165   aspirar a la gloria
de estar un solo instante en tu memoria.
Mas básteme la dicha que interesa
mi fe con oponerse° a tanta empresa.° oppose, endeavor

EDUARDO Mi nombre es Eduardo,

      (*Levántase y hace la cortesía*)

1170   mi reino Escocia, que en la gran Bretaña
se incluye, a quien el Talo, poco tardo,
de perlas riega, de cristales baña;
cerca le asiste el irlandés gallardo.
Provincia hermosa que sujeta a España
1175   participa feliz de su grandeza,
esfuerzo, armas, virtud, valor,° nobleza. bravery
No dilatado mucho, mas dichoso
por la fertilidad, riqueza, asiento,
belleza y temple de su sitio hermoso,
1180   por suyo a vuestra alteza lo presento,
poco don, pero muy afectuoso,
y si igualarle a mi deseo intento,
no hay duda, excederá su valor solo.

ROBERTO Yo soy, bella Emperatriz,
1185   aquel prodigio,° a quien llama   prodigy
Alcides fuerte la Europa,
invencible Marte el Asia;
cuyos hechos tiene impresos
el tiempo en la eterna España
1190   de las memorias, porque
se inmortalicen preclaras
las mías, asunto ilustre
de la voladora fama,

que hoy noticiosa ejercita,
1195   plumas, ojos, lenguas, alas.
Vista, relación y vuelo
en publicar alabanzas
a mi nombre. Finalmente,
Roberto de Transilvania
1200   soy, cuyo famoso reino
en sus términos abarca
cuatro grandiosas regiones,
que son Balaquia[73] o Moldavia
que todo es uno, la Serbia,
1205   la Transilvania y Bulgaria.
Reinos distintos que incluye
el gran imperio de Dacia.[74]
Destos, pues, soy heredero,
hermosísima Rosaura.
1210   Hijo soy de Ladislao
y de Aurora de Trinacria,[75]
y más me precio de ser
inclinado a lides° y armas   battles
que de los reales blasones
1215   de sus ascendencias claras.
Pues ya diez y siete veces
me ha mirado la campaña
armado, sin que me ofenda
de enero la fría escarcha,
1220   de julio el ardiente sol,
con su hielo o con sus llamas.
Tiembla África de mi nombre,
sabe mi esfuerzo Alemania,
Dalmacia teme mi brío,°   spirit
1225   venera mi aliento España.
Perdona si te he cantado

---

73 *Valaquia*: A region in the south of Romania.
74 *Dacia* was a region of the Roman Empire.
75 *Trinacria*: Greek name for Sicily (Luna, *Conde* 136).

en mis propias alabanzas,°   praise
que no suele ser vileza,°   vileness
cuando a las verdades falta
1230   tercero que las informe,
razón que las persuadan.
Yo, pues, Rosaura divina,
ese imperio y el del alma,
libre a tu belleza ofrezco,
1235   rendidas sus arrogancias,°   pride
sujetas sus bizarrías,
sus vanidades postradas;
justo rendimiento, pues
eres deidad soberana.

1240   ROSAURA   Príncipes valerosos,
estimo los intentos generosos
que han a vuestras altezas obligado,
puesto que asunto soy de su cuidado,
y en tan justo afecto se acrisola,
1245   y quisiera tener, no un alma sola,
sino tres que ofreceros con la vida,
que es bien que al premio el interés se mida
por deuda o cautiverio,°   captivity
mas no tengo más de una y un Imperio
1250   que ofrecer a los tres. La elección dejo
a los de mi Consejo.
Esto se mirará con advertencia°   warning
de mi decoro y vuestra conveniencia,°   benefit
y puesto que ninguno ha de ofenderse,
1255   despacio podrá verse
el que ha de ser mi dueño.°   master

(Levántanse todos)

ROBERTO   Soy contento.

EDUARDO   ¡Claro ingenio!

FEDERICO   Divino entendimiento,
              sea como lo ordenas.

EDUARDO   Tu precepto
              es ley en respeto.

1260 ROSAURA   Y quedaos, que no quiero deteneros.

              (*Van acompañándola hasta la puerta representando siempre*)

ROBERTO   En todo es justo obedeceros,
              Señora.

              (*Vanse la princesa por su puerta y los demás por otra.
              Salen el Conde y Gaulín*)

CONDE   ¿Qué dices?

GAULÍN   Digo que oí
              lo que te he dicho.

CONDE   No sé,
              ¿Constantinopla?

GAULÍN   ¿Eso fue?

CONDE   ¿Qué es Constantinopla?

1265 GAULÍN   Sí.

CONDE   Tú, en fin, ¿estás bien hallado?

GAULÍN   ¿No he de estar, si duermo y como
              sin pagarle al mayordomo
              distribución ni cuidado?

1270   CONDE   De mis dichas participas.

        GAULÍN   Claro está, y tener procuro
                       en mi estómago a Epicuro,
                       y a Heliogábalo en mis tripas.[76]
                       Yo no sé por dónde viene,
1275   quién lo guisa° o quién lo da,   cooks
                       mas sé que en entrando acá
                       es bueno el sabor que tiene.
                       Guarde Dios cierta Marquesa,
                       que no veo, sin embargo,
1280   que tomó muy a su cargo
                       las expensas de mi mesa
                       desde la noche que entramos;
                       pero, dejando esto aparte,
                       he querido preguntarte
1285   mil veces, no sé si estamos
                       seguros de que nos oigan.
                       Escucha a fuer de convento,
                       ¿cómo te hallas?[77]

        CONDE   Muy contento.

        GAULÍN   ¿Viste ya la tal mujer?

_____

76   Soufas explains that *Epicurio* (Epicurus) is "[a]n ancient Greek philosopher who taught that pleasure is the end of morality but that true pleasure is experienced through a life dedicated to prudence, honor, and justice." *Heliogábalo* (Heliogabalus), according to Soufas, is a "Roman emperor of the third century whose reign was noted, among other things, for his gluttony" (*Women's* 319).

77   Verses 1271-1287: "You bet. My stomach has finally been/ restored to Epicurean renown,/ and my guts are reveling in/ Helogabalian glory./ God knows who cooks and serves it up/ but it sure is good when gobbled down./ May God protect the sweet marquesa/ who, invisible, sets the mesa/ every night since we've arrived./ Yes, this lady of the evening/ gives us service at her expense./ But putting all this food aside,/ I've been meaning to ask you—/ I'm not sure if someone's spying,/ upon the word of this convent—/ how are you doing?" (Trans. H. Erdman).

CONDE   No.

GAULÍN   ¿Qué dices?

1290   CONDE   Lo que te digo.

GAULÍN   Pues, ¿por qué?

CONDE   Porque no quiere.

GAULÍN   Amante de miserere
                 te has hecho.

CONDE   Mis dichas digo.

GAULÍN   Y, ¿la quieres bien?

CONDE   La adoro.

GAULÍN   ¿Sin verla, Señor?

1295   CONDE   Sin verla.

GAULÍN   ¿Y Lisbella?

CONDE   No hay Lisbella,   2,
                 perdóneme su decoro.

GAULÍN   Y, ¿el retrato y fiera?

CONDE   Espera,
                 vengo Gaulín, a entender
1300   que es esta hermosa mujer
                 mi bella adorada fiera.
                 Porque haciendo reflexión
                 de los sucesos pasados

en la memoria y notados
1305   equívocos y canción,
y otras mil cosas, es ella.

GAULÍN   Esa es ignorancia clara,
porque no se te ocultara,
siendo una mujer tan bella.

1310   CONDE   Con fe de que la he querido,
sea o no sea.

GAULÍN   Bien mirado,
tú estás muy enamorado,
pero muy mal avenido.
La fiera no es maravilla
1315   querer, mas, ¿quién no se pasma
de que ames una fantasma,
buho, lechuza, abubilla,[78]
sin saber si es moza o vieja,
coja, tuerta, corcovada,
1320   flaca, gorda, endemoniada,
azafranada o bermeja?
Por Dios, que es un desaliño
de los más lindos que vi.[79]

CONDE   Yo adoro, Gaulín, allí
1325   un espíritu divino.

---

78 *Abubilla* = bird. In the Middle Ages this bird was associated with the
devil (Luna, *Conde* 140).

79 Verses 1311-1323: "It's obvious:/ you're head over heels, in the worst way./
All right, I grant you, it's no wonder/ you'd take that fetching beast as lover,/ but
who can fathom why you feel passion/ for a ghost, an owl, a whippoorwill,/ not
knowing if she's a maid or crone,/ whether she's lame, has got one eye,/ or sports
a hunch upon her back?/ Is she skinny? Is she fat?/ Red like a beet? Or merely
ruddy?/ What demon has possessed her soul?/ By God, I bet she's the prettiest
pig/ that ever I saw in my life" (Trans. H. Erdman).

GAULÍN   ¡Espíritu! Guarda fuera.

CONDE   Un entendimiento claro,
un ingenio único y raro,
de quien mi fe verdadera
1330   hoy se halla tan bien pagada,
que aprehende, y con razón,
que es la mayor perfección
su hermosura imaginada.
Igual al entendimiento
1335   será toda, es evidencia.

GAULÍN   Yo niego la consecuencia
y refuto el argumento.
Pues jamás hay igual cosa,
ni es posible que se vea.
1340   Siempre la discreta° es fea   cautious
y siempre es necia° la hermosa.   foolish

CONDE   Si de iguales perfecciones
consta la hermosura, ella
es la más discreta y bella.

1345   GAULÍN   Disparate, aunque perdones;
tú la miras con antojos°   whim
de hermosura.

CONDE   El alma sabe,
y el alma ha de hacer más fe
que el crédito de los ojos.

1350   GAULIN   ¡Qué hayas dado en ignorante!
Ya la noche se ha llegado,
yo me acojo° a mi sagrado.   embrace

CONDE   Parece que siento gente.

GAULÍN	Es fuerza, que ha anochecido.
1355	Yo temo que me han de dar
	mil palos y he de pagar
	por lo hablado, lo comido.[80]

CONDE	Calla, necio.

GAULÍN	Ya me voy,
	adiós, ¡oh que miedo llevo!,
1360	hoy me ponen como nuevo.

(*Vase y sale Rosaura*)

ROSAURA	¿Conde?

CONDE	¿Quién me llama?

ROSAURA	Yo soy,
	¿cómo te hallas desde anoche?

CONDE	Como quien libradas tiene
	en tu amor las esperanzas
1365	de su vida o de su muerte,
	como quien vive de amante,
	como quien sin verte muere,
	y entre la gloria y la pena,
	el bien goza, el mal padece.
1370	Pues si nada desto ignoras,
	pues si todo esto aprehendes;
	¿cómo a mis ojos te niegas?
	¿Has juzgado, acaso, aleves
	las lealtades, los efectos
1375	de mis verdades corteses?
	Que si es así, vives tú,

---

80 Verses 1355-1357: "I'm going to get scourged a thousand times/ and finally pay for what I've said/ and eaten" (Trans. H. Erdman).

dueño amado, que me ofendes
en imaginarlo, aún más
que me obligas con quererme.

1380 ROSAURA   Conde, amigo, Señor, dueño,
aunque pudiera ofenderme
de tu poca fe, después,
después de tantos solemnes
juramentos como has hecho,
1385   del no hablar en esa leve
materia, ni procura
de ninguna suerte verme
hasta que ocasión y tiempo
nuestras cosas dispusiesen.
1390   Préciome tanto la tuya,
¡oh Conde!, y tanto me debes
que disculpo lo curioso
de tu deseo impaciente,
con los achaques de amor,
1395   que en ti flaquezas parecen.
A la fuerza de tus quejas
he satisfecho mil veces
con decirte que soy tuya
y que presto podrás verme,
1400   (o sea razón de Estado,
o forzosos° intereses   forced
de mi voluntad, o sea
prueba de mi corta suerte).
Hagan más crédito en ti,
1405   de amor las hidalgas° leyes,   noble
que el antojo de un sentido,
a quien no es justo deberle
crédito, tal vez los cuatro,
supuesto que engaña y miente,
1410   los demás están despiertos;
y si ahora la vista duerme,
no quieras que por mi daño

y por el tuyo despierte.
Esto, Conde, importa ahora,
bien es que tu amor se esfuerce
en las dudas, que el valor
nunca en ellas desfallece.°   faint
Y porque veas que yo,
aún siendo forzosamente
por mujer más incapaz
de aliento, más flaca y débil,
fío más de tus verdades
y de la fe que me tienes,
que tú de mí te aseguras,
quiero revelarte (advierte)
un secreto, confiada
en que indubitablemente
te volveré a mis caricias°   caresses
victorioso, ufano,° alegre.   self-satisfied
Francia está en grande peligro,
el inglés cercada tiene
a París, del Rey, tu tío,
famosa corte eminente.
Ha sentido el Rey tu falta,
(como es justo), pues no puede
sin tu valor gobernar
su desalentada gente.
Ésta, Conde, es ocasión
que dilación no consiente.
Ve a favorecer tu patria,
haz que el enemigo tiemble,
que se sujeten sus bríos,
que su arrogancia se enfrene.
Prueba es ésta de mi amor,
pues siendo el gozarte y verte
mi mayor dicha, procuro,
Partinuplés que me dejes,
porque quiero más tu honor
que los propios intereses

1450		de mi gusto. Esto es amarte.
		Al arma, pues, héroe fuerte,
		ea, gallardo francés,
		ea, príncipe valiente;
		bizarro el escudo° embraza,[81]	shield
1455		saca el acero luciente,
		da motivo a las historias
		y a tu renombre laureles.
		Al arma toca el honor,
		la fama el ocio° despierte,	idleness
1460		el triunfo llame a las glorias
		de tus claros descendientes.
		Pueda el valor más en ti
		que de amor los accidentes.
		Desempeña belicoso°	furiously
1465		la obligación de quien eres,
		porque yo te deba más
		y porque el mundo celebre
		mis finezas y tus bríos,
		que unas triunfan y otras vencen.

1470 CONDE (*Aparte*) Entre el amor y el temor,
no sé lo que me sucede.
Al fin, Señora, ¿que Francia
está en peligro evidente?

ROSAURA   No hay duda, Conde, al remedio.

1475 CONDE   Si tú me animas, ¿qué teme
mi amor? Mas, ¿podré llegar
a tiempo cuando tan breve
remedio pide el peligro?

1480 ROSAURA   Eso, Conde, es bien que dejes
a cargo de quien dispone

---

81 *Embrazar*: To hold a shield for protection.

tus cosas. En ese puente
del río, que este castillo
foso de plata guarnece,
hallarás armas, caballo,
1485 y quien te encamine y lleve
en breve espacio.

CONDE   ¿Que al fin
te he de dejar? ¡Lance fuerte!

ROSAURA Esto importa por ahora,
tiempo queda para verme,
1490 si acaso mi amor te obliga.

CONDE Haz de mí lo que quisieres.

ROSAURA ¿Sabes que me debes mucho?

CONDE Sé que he de pagarte siempre.

ROSAURA ¿Sabes que el alma me llevas?

1495 CONDE Sé que he de morir sin verte.

ROSAURA ¿Serás mío?

CONDE   Soy tu esclavo.

ROSAURA ¿Serás firme?

CONDE   Eternamente.

ROSAURA ¿Olvidarásme?

CONDE   Jamás.

ROSAURA ¿Volverás con gusto?

CONDE   Advierte,
1500   que sin ti no quiero vida.

ROSAURA   Pues, adiós.

                                        (*Vase*)

CONDE   Adiós. Si excede
                    la obligación al amor,
                    en mi ejemplo puede verse,
                    pues hoy, porque mi honor viva,
1505   me solicitó la muerte.

                                        (*Vase*)

Acto Tercero

(Sale el Conde y Gaulín tras él)

Gaulín	Para, para, tente, espera,
	Pegaso[82] o Belerofonte[83]
	del infierno, vive Dios, *(Sale)*
	que temí que de este golpe
1510	dábamos en el profundo.
	Lástima es que se malogre° *to ruin*
	aquel triunfo con volvernos
	tan presto a ser motilones
	de este convento de amor,
1515	donde servimos a escote
	por la comida.[84]

Conde	¡Ay Gaulín!

Gaulín	No te quejes, no provoques
	el cielo, pues tú lo quieres.

Conde	Está mi gusto tan dócil,° *docile*
1520	tan sujeto, tan rendido
	a esta mujer, no lo ignores,
	que aunque ella no lo trujera,[85]
	como ves, yo hiciera entonces
	alas de mi pensamiento

---

82   *Pegaso* = Pegasus. In Greek mythology, Pegasus was a stunning white winged horse who accompanied Poseidon.

83   *Belerofonte* = Bellerophon. In Greek mythology, he was considered a hero for defeating Chimaera, a mythical beast.

84   Verses 1509-1515: "I knew this final blow/ would sink us for once and all!/ What a shame: we spoil our triumph,/ leaving all our glory behind us,/ to become lousy indigents again,/ begging for scraps of this and that / in this holy cathouse" (Trans. H. Erdman).

85   *Trujera* = trajera.

1525		y viniera a sus prisiones	
		satisfecho y obediente.	

GAULÍN   No sé qué ermitaño° monje   hermit
          pueda amar la reclusión
          como tú; guarda no obre
1530   mi relación, pues Lisbella
          sabe los tales amores
          y queda hecha un basilisco.[86]
          No sé, ¿cómo te dispones
          a olvidarte de tu prima?

1535   CONDE   Ya, Gaulín, no me la nombres,
                por este imposible muero.

GAULÍN   Quiera Dios que no le llores
          con ambos ojos después.
          ¡Qué necios somos los hombres!
1540   Con una sola engañifa,°   trick
          con una lágrima, un voyme
          que nos hace una mujer,
          (¡oh quién las matara a coces°   heavy thump
          a todas!) nos despeñamos,
1545   no hay razón que nos reporte,
          cera se hace el que es diamante,
          y el que es de acero,° cerote.°   steel, wax
          ¡Oh cual quedaría Lisbella,
          (válgame señor San Cosme)
          viendo nuestra fuga!

1550   CONDE   ¿Qué hay?

GAULÍN   ¡Notables resoluciones!
          Ya estás en tu propia esfera.

---

86 A *basilisco* (basilisk) is a legendary reptilian creature who was believed to be able to kill with its gaze.

CONDE	Bien la suerte lo dispone,
	pues llego al anochecer
	al castillo.

1555 GAULÍN Señor, ¿oyes?
algo tienen de Noruega
estos obscuros amores,
pues de la luz de tus días,
no gozas más de las noches.

1560 CONDE ¡Quién saliera destas dudas!
Ciega tengo de pasiones
el alma y lleno el sentido
de penas.

GAULÍN Pues ya es de noche,
¿cómo el ángel de tinieblas[87]
1565 no sale a hacerte favores?[88]
Que ya sabrá que has venido;
mas escucha, pasos se oyen
en esta cuadra, chitón;
pongo a los labios seis broches.° clasps

(*Sale Rosaura*)

ROSAURA ¿Conde, mi Señor?

1570 CONDE ¿Mi dueño?

ROSAURA Dame tus brazos. (*Abrázale*)

CONDE Prisiones

---

87 Gaulín referes to Rosaura as "angel de las tinieblas" ("diabolical angel").

88 "Favores" could refer to any type of patronage, protection, benefit, or gift given by a lady to her admirer (Luna, *Conde* 151).

dulces y dichoso yo.

ROSAURA   Hoy, de mi jardín las flores,
               vi alegres más que otras veces,
1575   y dije: "bien se conoce
               mi dicha, pues que mostráis
               tan vivos vuestros colores,
               dando al Conde bienvenidas."
               Luego, en los ramos de un roble,°   oak
1580   alternaba un ruiseñor,°   nightingale
               celos, dulzuras y amores,
               y dije, oyendo su canto:
               "¡qué bien das en tus canciones
               la bienvenidas a mi dicha!"
1585   Oí el murmúreo° conforme   murmur
               de una fuente que en cristal
               desatadas perlas corre,
               y viéndola tan risueña,°   cheerful
               dije: "bien se reconoce
1590   que anuncias en tu alegría
               de mis dichas los favores,
               pues tan ufana te ríes
               y tan lisonjera corres."
               No fue engaño del deseo,
1595   pues quiere el cielo que goce
               la mayor gloria, que es verte.
               ¿Cómo te has hallado?

CONDE   Oye,
               como sin el sol el día,
               como sin luces la noche,
1600   como sin furor la aurora,
               triste, tenebrosa° y torpe.°   gloomy, hope
               Tú, ¿cómo has estado?

ROSAURA   Escucha.
               Como sin lluvia las flores,

	como sin flores los prados,	
1605	como sin verdor° los montes,	greenness
	suspensa, aflijida° y triste.	heartbroken

GAULÍN   ¡Qué gastan de hiperbatones!
          Infeliz lacayo soy,
          pues he prevenido el orden
1610   de la farsa, no teniendo
          dama a quien decirle amores.
          Descuidóse la poeta,
          ustedes se lo perdonen.[89]

ROSAURA   Siéntate y dime el suceso
          de tu victoria.

1615 GAULÍN   ¿Es de bronce
          mi amo?

          (*Siéntanse en unas almohadas de estrado*)

CONDE   Oye, pues.

ROSAURA   Ya escucho.
          Sorda° estés, Dios me perdone.   deaf

CONDE   Partimos, como ordenaste,
          yo y Gaulín en dos veloces°   fast
1620   hipogrifos,[90] si no fueron
          dos vivas exhalaciones.
          A París hallé cercada
          de enemigos escuadrones,

---

89   Verses 1607-1613: "These landscapes full of hot air!/ Here I am, the
unhappy lackey,/ who sees where this farce is headed/ but has no lady to whom
to declare/ lovey-dovey words of passion./ The playwright, she's made a big
mistake./ May all of you forgive her!" (Trans. H. Erdman).

90   An *hipogrifo* (hippogriff) is a mythical creature who is part horse and
part eagle.

alegres porque la miran
1625   sin resistencia que importe.
Porque mi tío, aunque hacía,
ya con ruegos, ya con voces,
oficio de general,
poniendo su gente en orden,
1630   sin valor ni resistencia
se hallaban sus años nobles,
por tantas causas rendidos
del tiempo a las invasiones.
Rompí del campo enemigo
1635   la fuerza y, tomando el nombre
del ejército francés,
procuro que su desorden
se reduzca a mi valor,
pudiendo en sus corazones
1640   tanto mi valiente afecto,
que en tres horas vencedores
nos vimos de la arrogancia
de escoceses° y bretones.°   Scottish, Brit.
Llegó mi tío y Lisbella,
1645   y viéndome, (no te enojes)
él contento, ella admirada
de verme, atiende, (¡Durmióse!)
digo, pues, ¿oyes, Señora?
¡Qué ocasión, Gaulín!

GAULÍN   Pues, Conde,
1650   no la pierdas, que es locura.

CONDE   Por salir de confusiones
vive Dios, que a tener luz,
intentara, aunque se enoje,
saber... Ah, Señora, ¿duermes?

1655   GAULÍN   ¿A qué aguardas? ¿A que ronque?

¿Es bodegonera[91] acaso?
En aquellos corredores°   hallways
se determina una luz.
Voy por ella.

CONDE   Sí, no, ¿oyes?
Vuela;° mas no.   fly

(*Levántase*)

1660 GAULÍN   Acaba ya;
¿No es mujer y tú eres hombre?,
¿Te ha de matar?

CONDE   Dices bien;
vé por ella.

GAULÍN   Resolvióse;
salgamos desta quimera.°   fantasy

(*Vase*)

1665 CONDE ¡Gran yerro intento, pasiones!
A mucho obliga un deseo
si tras un engaño corre.
¿Es posible que yo, (¡Cielos!)
falte a mis obligaciones
1670 por lisonjear mi gusto?[92]

(*Sale Gaulín con una vela*)

GAULÍN Ésta es la luz.

CONDE   Acabóse,

---

91 *Bodegonera/o*: Owner of a tavern.

92 Verses 1665-1670: "Oh passion, what folly I follow!/ Desire spurs us
to great things,/ making us chase pure deception./ But if I give in to my own
pleasure/ will I fail my obligation?" (Trans. H. Erdman).

en esta curiosidad
sé que mi muerte se esconde;
mas ya, estoy en la ocasión,
1675   desta vez mi fe se rompe.
Dame esa bujía.°   candle

GAULÍN   Toma.

CONDE   Venzamos, amor, temores.
¡Válgame Dios, qué belleza
tan perfecta y tan conforme!
1680   Excedióse todo el cielo,
extremando los primores
de naturaleza en ella.
No ves la fiera del bosque,
Gaulín.

GAULÍN   Admirado estoy.
1685   ¡Qué divinas perfecciones!

CONDE   Bella esfinge,° aún más incierta   sphinx
después de verte, es mi vida;
a espacio matas dormida,
aprisa vences despierta.
1690   Confusa el alma concierta
sus daños anticipados,
que si males ignorados
un sol el pasado advierte,
ya para anunciar mi muerte
1695   dos soles miro eclipsados.
Hermosísimo diseño
del soberano poder.
¿De qué te ha servido hacer
en negarte tanto empeño?
1700   ¡Oh, bien haya, amén, el sueño,
que suspendió tus cuidados!
Engaños son excusados

que arguye malicia° clara, malice
qùerer esconder la cara
1705 si matas a ojos cerrados.

ROSAURA (*Medio dormida*) Prosigue, Conde, prosigue.
¡Ay Dios! ¿Qué es esto? Engañóme
tu traición. ¿Qué has hecho, ingrato?

(*Levántase*)

GAULÍN Hija en casa y malas noches
tenemos.

1710 ROSAURA Mal caballero,
¿conmigo trato tan doble?
Falso, aleve, fementido,° deceitful
de humildes obligaciones.
¿Qué atrevimiento esforzó
1715 tu maldad a tan disforme° monstrous
agravio, engañoso, fácil?

(*Sale Aldora*)

ALDORA ¿Qué tienes? ¿Por qué das voces?
Rosaura hermosa, ¿qué es esto?

ROSAURA Aldora, a ese bárbaro° hombre brute
1720 haz despeñar,° por ingrato, fall off a cliff
traidor, engañoso enorme.
Muera el Conde, esto ha de ser,
aunque a pedazos destroce
el corazón que le adora
1725 con puros afectos nobles.
Esta es forzosa venganza,
aunque la pena me ahogue,
porque ya sin duda advierto,
pues malogré mis favores,

1730		que del vaticinio° infausto°	prediction,
		es dueño el aleve Conde.	unfortunat
		Muera antes que lo padezca	
		mi Imperio, desde esa torre	
		hazle despeñar al valle,	
1735		pues ofendió con traiciones	
		tanto amor.	

ALDORA   ¡Ofensa grave!
            Es francés, no es bien te asombre;
            que jamás guardan palabra.

CONDE   Oye.

ROSAURA   No hay satisfacciones
1740   a tal traición, a tal yerro.

GAULÍN   Por Dios, que tú la reportes,
            Señora.

ROSAURA   ¿También tú hablas,
            criado° vil?°   servant, vile

GAULÍN   Sabañones,
            ¡mal haya mi lengua, amén!⁹³

1745 CONDE   Ya que el castigo dispones,
            advierte.

ROSAURA   ¿Qué he de advertir?

CONDE   Amor.

ROSAURA   ¿Qué satisfacciones?

---

93   Verse 1744: "Shiver my timbers! Damn my tongue, amen" (Trans. H. Erdman).

CONDE	Acuérdate.

ROSAURA	No hables más.

CONDE	De los dichosos favores.

1750   ROSAURA   ¡Oh atrevido! Presto, Aldora,
que con sus mismas razones
está incitando mis iras°   anger
para que venganza tomen.
Quítale ya de mis ojos,
1755   acaba, o daré mil voces
a los de mi guarda. ¡Hola!

GAULÍN	*Sancti Petri, ora pro nobis.*[94]

ALDORA	Ven, Conde, conmigo presto.° promptly

1760   CONDE   Ea, desdichas,° de golpe   misfortune
me despeñad, porque fui
del carro del sol, Faetonte.[95] *(Vanse)*

(Salen al son de cajas Lisbella con espada y sombrero, y soldados)

1765   LISBELLA   Ya es fuerza, heroicos soldados,
ya es tiempo, vasallos míos,
que pruebe Constantinopla
vuestros esfuerzos altivos°   arrogant
y que en su arenosa° playa,   sandy
(a quien llaman los antiguos
Nigroponto), echen sus anclas
nuestros valientes navíos.

---

94 Latin phrase for "Saint Peter, pray for us," (Soufas, *Women's* 319).

95 In Greek mythology *Faetonte* (Phaethon) was the son of the Sun. Trying to drive his father's chariot he lost control and almost endangered the Earth. He symbolizes failure (Luna, *Conde* 159).

1770
     Esa voluble montaña,
     esa campaña de pinos,
     esa escuadra de gigantes,
     ese biforme prodigio,
     que se rige con las cuerdas

1775
     y gobierna con el lino.
     Quede surto en las espumas
     de ese margen cristalino.
     Supuesto que sabéis todos
     o la causa o el designio

1780
     que, alentando a mi esperanza,
     da a mi jornada motivo.
     No ha de saltar nadie en tierra,
     que a ninguno le permito
     que me sirva o acompañe.

1785
     Solos Favio y Ludovico
     me asistirán, porque sean
     de mis alientos testigos.
     Y verá Constantinopla,
     y verá el mundo que imito

1790
     a Semíramis,[96] armada
     de ardimientos° vengativos.   *courage*
     Y verá también Rosaura,
     como, valerosa aspiro
     a destruir sus imperios

1795
     si no me entrega a mi primo.
     Ea pues, vasallos nobles,
     puesto que, muerto mi tío,
     soy vuestra Reina, mostrad
     de vuestro acero los filos.

1800
     Pues si no me entrega al Conde
     vuestro rey, vuestro caudillo,°   *leader*
     vive Dios, que en la experiencia

---

96 *Semiramis* was a legendary personality and queen of Babylon known for her bravery. She was a mythical example of a female warrior (Luna, *Conde* 160).

	ha de hallar mal prevenidos°	forewarned
	mis enojos y sus daños,	
1805	mis celos y sus delirios,°	ravings
	mi rigor y sus pesares,°	regret
	mis iras y sus delitos.	

UNO   Todos te obedecerán.

OTRO   Todos morirán contigo.

1810 LISBELLA   Pues vamos a prevenir
                 mi venganza o mi castigo.
                 Rayo ardiente desatado,°   uncontrolled
                 de cuyos obscuros giros,
                 primero el rigor se siente
1815   que se previene el ruido.

(Vanse y salen Gaulín y el Conde medio desnudo)

GAULÍN   Mira, Señor, que es locura
            estimar la vida en poco.

CONDE   Claro está, Gaulín, que es loco
            quien perdió tal hermosura.

1820 GAULÍN   Si ella te quisiera bien,
               no era fineza en rigor,
               que en lo que verás de amor
               más te engañó.

CONDE   Dices bien.

GAULÍN   Alégrate, pesia a tal,
1825   que a tu vida es de importancia,
            mira que te espera en Francia
            tu Lisbella.

CONDE	Dices mal.

GAULÍN	¡Con qué rabia° y qué desdén,	anger
	la tal Rosaura, mandó	
1830	matarte, y cómo mostró	
	que era falsa!	

CONDE	Dices bien.

GAULÍN	No des tan flaca señal	
	de tu amorosa querella,°	dispute
	apela para Lisbella,	
	que es muy bella.	

1835   CONDE   Dices mal,
villano, infame, atrevido,
tú tienes la culpa, tú.

(Va trás él)

GAULÍN   ¡Oh fiera de Bercebú,[97]
nunca tú hubieras nacido!
1840   ¡Ah, Señor, Señor, por vida
de Rosaura, no me des!

CONDE   Pierda yo la vida, pues
hallé la ocasión perdida.
¡Muerto estoy!

GAULÍN   ¿Qué? Vivo estás.

1845   CONDE   ¡Vivo yo! ¡Qué vano intento!
Yo no toco, yo no siento.
Ven acá, llégate más.

---

97 *Bercebú* = the devil.

GAULÍN   Aquí estoy bien.

CONDE   ¿Dónde está
              mi vida?

GAULÍN   Gentil historia,
              en tí mismo.

1850 CONDE   ¿Y mi memoria?

GAULÍN   Rosaura sabe della.

CONDE   ¡Ay dulce amorosa llama!
              ¡Qué me abraso, que me hielo!
              ¡Socorro,° socorro, cielo!   help

              (Sale Aldora, en una apariencia, en que se subirán
              con ella los dos al fin del paso)

ALDORA   ¿Conde, ah, Conde?

1855 CONDE   ¿Quién me llama?

ALDORA   Yo soy.

GAULÍN   ¿Usted? Tramoya[98] tenemos,
              esto es hecho.

CONDE   ¿Oíste hablar?

ALDORA   ¿Conde? *(En el aire, sin verse)*

GAULÍN   Prisa en condear,
              ¿dónde nos esconderemos?
1860   Señores, aquí es mi hora,

---

98 *Tramoya* = stage machinery.

temblando de miedo estoy.

(*Ábrese la tramoya*)

ALDORA   ¿Conde?

CONDE   ¿Quién eres?

ALDORA   Yo soy. (*Baja al tablado*)

CONDE   Hermosa señora,
                precursora de aquel sol,
1865   de aquel oriente arrebol,°   rouge
                lucero° de aquella aurora.   bright star
                ¿Es posible que te veo?

ALDORA   Di, ¿cómo estás de esa suerte?

CONDE   Quien desea hallar su muerte,
1870   no hace en las galas empleo.
                Mas dime, ¿qué novedad
                desta suerte te ha traído?

ALDORA   Buscar tu dicha.

CONDE   Yo he sido
                dichoso. Sí, eso es verdad.

1875   ALDORA   Tú has de sustentar por mí
                un torneo.°   tournament

CONDE   Justo empleo,
                cuando servirte deseo.

ALDORA   Carteles puse, por ti,
                de que un príncipe encubierto,
1880   sustenta que de Rosaura,

él sólo la mano aguarda.

CONDE   Ya tu pensamiento advierto.

ALDORA   Diciendo que en calidad,
en valor y en bizarría,
1885   y en puesto la merecía.

CONDE   Ése soy yo.

ALDORA   Así es verdad,
el reino se alborotó,°   disturbed
y Rosaura, en tus ardores,
a los tres sus pretensores,
1890   a salir les obligó
a la defensa, fiada
de mí, sospechosa que
de su rigor te libré,
y aún hasta ahora engañada.
1895   El tiempo se cumple ya,
del cartel, mas no me espanto,
pues de mi ciencia el encanto
la jornada abreviará.

CONDE   ¿Ella está ya arrepentida?
¿Qué dice?

1900   ALDORA   Lo que has oído,
sólo a llevarte he venido.

CONDE   Di mejor, a darme vida.

ALDORA   Vente conmigo, si quieres.

CONDE   Dichoso mil veces soy.

1905   GAULÍN   Más loco que el Conde estoy;

demonios sois las mujeres.

ALDORA   En tu esfuerzo, la sentencia
se libra.

CONDE   Su gusto sigo.

ALDORA   Pues vente, Conde, conmigo.

(Pónense con ella los dos)

1910   GAULÍN   Diablo eres, en mi conciencia.

(Van subiendo los dos en la tramoya con los tres)

Fuera de abajo, que sube,
y aunque tan espacio y quedo,
puede ser, que con mi miedo,
vapor granice° la nube.°   hail, cloud

(Escóndese la tramoya, y sale un viejete, y otro con la valla y martillo)

1915   VIEJO   A esta hermosa batalla
hoy amor ha de dar fin.
Poned, Guillermo Guarín,
hacia esta parte la valla.

GUILLERMO   Aquí estará bien.

VIEJO   Enfrente
1920   está del real balcón.

GUILLERMO   En no haciendo colación,
no trabaja bien la gente.

(Poniendo la valla)

VIEJO	Después beberás, Guillermo.
GUILLERMO	Mejor fuera ahora.
VIEJO	Acaba.

1925 GUILLERMO Nuestro amo, tengo sed brava.
Más vale cuero que enfermo,
ya está puesta deste lado.

VIEJO Dame, pues, acá el martillo.

GUILLERMO Hoy, dos azumbres me pillo,
1930 a cuenta de lo ganado.

VIEJO ¿Quién es el mantenedor?[99]

GUILLERMO Sólo dicen los carteles
que sustenta a tres crueles
botes de lanza.

VIEJO ¡Qué error!

1935 GUILLERMO Y a cinco golpes de espada
que en valor y en calidad,
merece la majestad
de la Princesa.

VIEJO No es nada.
Ea, ¿está fuerte?

GUILLERMO Ya está
como ha de estar.

1940 VIEJO Pues venid,

---

99 *Mantenedor*: Person in charge of a tournament.

el que ganare la lid,
buena moza llevará.

(Vanse y corren una cortina y aparece sentada en su estrado,
con sus damas, Rosaura en un balcón bajo con sus gradas
y abajo de juez Emilio, tocan chirimías, cajas y clarines)

ROSAURA   ¿Qué llegó, Celia, este día?

CELIA   Sí, Señora.

ROSAURA   Triste vengo.

1945 CELIA   No haces bien, por vida tuya,
               que alientes, Señora, el pecho.

ROSAURA   ¿Cómo es posible? ¡Ay de mí!
               Si me falta en este tiempo
               mi prima Aldora. No sé
1950   cual sea su pensamiento.

                        (Tocan al patio cajas)

EMILIO   Ya viene el mantenedor;
               mas a caballo, ¿qué es esto?

ROSAURA   ¡Qué novedades son estas!
               Mujer es.

(Sale Lisbella a caballo, saca un lienzo y hace señas)

EMILIO   Y con extremo
               hermosa.

1955 ROSAURA   Escuchad, que hace
               seña de paz con el lienzo.

LISBELLA	Reina de Constantinopla,	
	a quien hoy lo más de Tracia	
	en tu imperio reconoce	
1960	por Señora soberana.	
	Príncipes, duques° y condes,	dukes
	oíd, con vosotros habla	
	una mujer sola que	
	viene de razón armada,	
1965	y porque sepáis quien soy,	
	yo soy Lisbella de Francia.	
	Hija soy de su Delfín[100]	
	y de la Flor de Lis,[101] hermana	
	de Enrico, su invicto° Rey,	undefeated
1970	heredera soy de Galia,[102]	
	reino a quien los Pirineos	
	humillan las frentes altas.	
	Dueña soy de muchos reinos,	
	y soy Lisbella, que basta	
1975	para emprender valerosa°	brave
	esta empresa, aunque tan ardua.	
	Yo he sabido, Emperatriz,	
	que usurpas,° tienes y guardas	usurp
	al Conde Partinuplés,	
1980	mi primo y que con él tratas	
	casarte, no por los justos°	fair
	medios, sino por las falsas	
	ilusiones de un encanto.	
	Y deslustrando° la fama,	discredit
1985	le tiranizas° y escondes,	tyrannize
	le rindes, prendes y guardas,	
	contra tu real decoro.	
	Yo, pues, que me halló obligada	
	a redimir de este agravio	

---

100   *Delfín* (*Dauphin of France*) was the title given to the first born of the King of France.

101   The symbol of the *Flor de Lis* represents the French royalty.

102   *Galia* refers to France.

1990
la vejación o la infamia,
te pido que me le des,
no por estar ya tratadas
nuestras bodas, no le quiero
amante ya, que esta infamia

1995
no es amor, que es conveniencia,
pues es forzoso que vaya
como legítimo Rey;
supuesto que murió en Francia
mi tío, de cuya muerte

2000
quizá fue su ausencia causa,
y es el Conde su heredero.
Esto, Emperatriz Rosaura,
vengo a decirte y también
que dejo una gruesa armada

2005
en ese puerto que está
a vista de las murallas°   walls
de tu corte, y si me niegas
a mi primo, provocada,
no he de dejar en tus reinos

2010
ciudad, castillo ni casa,
que no atropelle° y destruya,   run over
porque, ya precipitada,
sin poderme resistir,
seré furia, incendio, brasa,°   ember

2015
terror, estrago, ruina
de tu nombre, de tu fama,
de tu amor, de tu grandeza,
de tu gloria y de tu patria.

(*Sale Aldora y pónese al lado de Rosaura*)

ALDORA   ¿Esto es verdad o ficción?

2020
EMILIO   ¡Oh qué francesa arrogancia!

ROSAURA   Tú seas muy bienvenida.

Ya culpaba tu tardanza,
¿has oído el reto,° Aldora?   challenge

ALDORA   Habla como apasionada.

2025   ROSAURA   Pues prima, ¿qué te parece?

ALDORA   Fuerza es que la satisfagas.

ROSAURA   Vuestra alteza, gran Señora,
debajo de mi palabra,
llegue de paz.

(*Apéese y vaya por el palenque de los que tornean*)

LISBELLA   Voy de paz.

2030   ROSAURA   ¡Ay, Aldora, qué desgracia!
Sea Lisbella, bienvenida.
Oye mis verdades.

LISBELLA   Habla.

ROSAURA   Vuestra alteza, gran Señora,
viene ciega y engañada,
2035   mal informada, me culpa,
mal advertida, me ultraja,°   affront
mi casto crédito ofende,
mi noble decoro agravia,
y porque de lo que digo
2040   quede más asegurada,
hoy de mis bodas será
testigo, si quiere honrarla,
pues es fuerza que me case
en Polonia, Transilvania,
o Escocia.

2045	LISBELLA	¿De qué manera?

ROSAURA   Un torneo es quien señala
            o decide la elección
            de su efecto.

LISBELLA   ¡Qué engañada
            de Gaulín, viniese a hacer
2050   una acción tan temeraria!°   reckless
            Digo que quiero asistir
            a tus bodas, obligada
            a disculpa tan cortés,
            y satisfacción tan clara.

                (Tocan y callen luego)

2055 EMILIO   Los instrumentos publican
                que viene un aventurero.

    (Tocan y hace la entrada Roberto da la letra. Lee Aldora.)

ALDORA   "Si el cielo sustento, en vano
          temeré mudanza alguna
          del tiempo, ni la fortuna."

        *(Tornean y después entra Eduardo y hace lo mismo,
           y lee Aldora mientras echan celadas)*

2060   "No tiene el mundo laurel
          para coronar mis sienes,
          dulce amor, si dicha tienes."

    (Tocan y entra Federico y hace lo mismo que los demás)

ROSAURA   Ni tengo elección, ni tengo
            sentido con que juzgar,
2065   porque me falta el aliento.

EMILIO   Toma la letra, señor.

ALDORA   Venga, dice así el concepto,
              "Del mismo sol a los rayos,   (*Lee*)
              águila o Ícaro nuevo,
2070   hoy a penetrar me atrevo."

                    (*Tornean y dice Emilio*)

EMILIO   El mantenedor merece
              la Emperatriz y el Imperio.

                  (*Alcen las celadas y hablen*)

ROBERTO   ¿Cómo, cuando no se sabe
              quién es este caballero,
2075   y es traición no habernos dado
              cuenta a los aventureros?

ALDORA   Hable, Señora, tu Alteza.

ROSAURA   La condición del torneo
              fue que al que venciese en él,
2080   como fuese igual sujeto,
              el premio gozase.

FEDERICO   Yo lo remitiré al acero.

EDUARDO   Todos haremos lo mismo.

ROSAURA   Decid, ¿quién sois, caballero?
2085   Hablad ya, pues es preciso.

                  (*Descubre la celada*)

CONDE   Soy el Conde.

Rosaura	Amor, ¿qué es esto?

(*Bajan al tablado las damas*)

LISBELLA   Conde, mi primo y Señor,
              mira que te espera un reino.

CONDE   Gózale, Lisbella, hermana,
2090   que sin Rosaura, no quiero
              bien ninguno.

ROSAURA   Yo soy tuya.

CONDE   Prima, aquí no hay remedio,
              Francia y Roberto son tuyos,
              ¿qué respondes?

LISBELLA   Que obedezco.

ROBERTO   Soy tu esclavo.

2095 EDUARDO   Y yo, Aldora
              tu esposo, si gustas dello.

ALDORA   Tuya es mi mano.

ROBERTO   Si quieres,
              Federico, serás dueño
              de mi hermana Rocisunda.

FEDERICO   Yo seré dichoso.

2100 GAULÍN   Bueno,
              todos y todas se casan;
              sólo a Gaulín, ¡Santos cielos!,

le ha faltado una mujer,[103]
o una sierpe, que es lo mesmo.

2105   CONDE   No te faltará, Gaulín.

       GAULÍN   Cuando hay tantas, yo lo creo;
                   mayor dicha es que me falte.

       TODOS   Y aquí, Senado discreto,
                   El Conde Partinuplés
2110   da fin, pedonad sus yerros.°   mistakes

---

103   Once again, Gaulín complains about not having a partner. See verses
1607-1613. He ends up alone at the end of the play. His fate can be considered an
exercise of "poetic justice." He is "punished" by the author for insulting women
and referring to Lisbella as an agent of evil throughout the play.

Spanish-English Glossary

In this glossary, roman numerals in parenthesis are used to indicate in which act of the play the word is found.

A

abismo m. abyss (II)

abrasar burn (I)

acariciar hold dear (I)

acero m. steel (III)

achaque m. blame (II)

acoger embrace (II)

acreditar give credit to (I)

acrisolar to purify (II)

adrede m. intentionally (II)

advertencia f. warning (II)

advertir pay attention to (I)

afligido, -a heartbroken (III)

agasajo m. warm welcome (II)

agradar be attracted to (I)

agravio m. grievance (I)

aguardar wait (I)

ahogar overwhelm (I)

ajeno, -a distant (I)

alabanza f. praise (II)

albergue m. refuge (I)

alborotar disrupt, disturb (I, III)

alcanzar reach (I)

alentar encourage (II)

aliento m. breath (I)

alijar unload (I)

almendra f. almond (I)

alteza m./f. Highness (I)

altivo, -a arrogant (III)

animar enliven (I)

animoso, -a spirited (I)

antojo m. whim (II)

antorcha f. torch (I)

apacible m./f. placid (I)

ardimiento m. courage (III)

arenoso, -a sandy (III)

arrabal m. suburban slum (I)

arrayán m. myrtle (I)

arrebol m. rouge (III)

arriesgado, -a risky (I)

arrogancia f. pride (II)

arroyo m. stream (I)

áspid m. asp (I)

atropellar run over (III)

audiencia f. hearing (II)
aventurero, -a adventurous (II)
ayunar fast (II)

B
barbarismo savage behavior (II)
bárbaro, -a brute (III)
batir beat (I)
belicoso, -a furious, aggressive (II)
bienhechor, -a benefactor (II)
bizarría f. bravery (I)
blandura f. softness (I)
bosque m. forest (I)
brasa f. ember (III)
bretón, -a British (III)
brío m. spirit (II)
broche m. clasp (III)
bujía f. candle (III)
burla f. taunt (II)
burlar mock (I)

C
camarín m. niche (II)
capricho m. whim (II)
caricia f. caress (II)
caudillo m. leader (III)
cautiverio m. captivity (II)
ceder hand over (I)
celos m. jealousy (I)
cerote m. wax (III)
ciego, -a blind (II)
compasivo, -a compassionate (I)

conjurar invoke (I)
conveniencia f. benefit (II)
convidar invite (I)
corcovado, -a hunchback (II)
corredor m. passage, hallway (III)
cortesano, -a courtier (I)
cortesía f. courtesy (II)
cortijo m. rural estate (I)
coz f. heavy thump (III)
criado, -a servant (III)
cuerdo, -a rational (I)

D
decoro m. decorum (I)
deidad f. deity (I)
delirio m. raving (III)
delito m. offense (I)
desarbolar to dismast (I)
desatado, -a uncontrolled (III)
desatino m. blunder (I)
descarte discard cards (I)
descendencia f. descendants (I)
descifrar decipher (I)
desdecir refute (I)
desdén m. disdain (I)
desdicha f. misfortune (III)
desfallecer faint (II)
designio m. plan (II)
deslustrar discredit (III)
despeñar fall off a cliff (III)
despreciar despise (I)
desvanecer vanish (I)
desvelo, m. concern (I)

dicha f. happiness (II)
dichoso, -a happy (I)
digno, -a worthy (II)
discreto, -a cautious
discurrir think (I)
disforme m./f. monstrous (III)
disimular hide, disguise (I)
dizque apparently (II)
dócil m./f. docile (III)
dote f. qualities (II)
dueño, -a master (II)
duque m. Duke (III)

E
ejecutar implement (I)
empeño m. determination (I)
empresa f. endeavor (II)
encarecido, - a praised (I)
enfurecer infuriate (II)
engañifa trick (III)
enjuto, -a sad (II)
envidia f. envy (I)
equívoco m. bewilderment (I)
ermitaño, -a hermit (III)
escapar escape (I)
esclavo, -a slave (II)
escocés, -a Scotch (II, III)
esconder hide (I)
escudo m. shield (II)
escudriñar examine (I)
esfinge f. sphinx (III)
espanto m. fright (III)
espantoso, -a frightening (I)
espesura f. thick vegetation (I)
espumoso, -a foamy (I)

esquivo, -a distant (I)
estafar deceive (I)
estancia f. room (II)
estimar respect (I)
estorbar disturb (I)
estrago m. to ruin (III)
excelso, -a sublime (II)

F
fementido, -a deceitful (III)
fiera f. beast (I)
fiereza f. ferocity (I)
flaqueza f. weakness (I)
forzoso, -a forced (II)
fraile m. friar (I)

G
gallardo, -a dashing, gallant (I)
garbo m. elegance (II)
grandeza f. nobility (I)
granizo m. hail (III)
guisar cook (II)

H
hallar find (I)
hallazgo m. discovery (I)
hemisferio m. hemisphere (I)
herencia f. legacy (I)
herido, -a wounded (I)
hidalgo, -a noble (II)
hospedaje lodging (II)
huésped guest (II)

I
impaciencia f. impatience (II)
impedimento m. obstacle (I)

imperio m. empire (I)
impertinente m./f. rude (II)
incendio m. passion (I)
inclemencia f. harshness (I)
infausto, -a fateful, unfortunate
   (III)
ingenio m. wisdom (I)
ingrato, -a ingrate, ungrateful
   (I)
inhumano, -a inhumane (II)
invicto, -a undefeated (III)
ira f. anger (III)

J
jarcia f. rigging (I)
justo, -a fair (III)

L
laberinto m. labyrinth (II)
lastimar hurt (II)
leal m./f. loyal (II)
lealtad f. loyalty (I)
licencia f. permission (I)
lid f. battle (II)
ligero, -a agile (I)
linaje m. lineage (II)
lisonja f. flattery (I)
lucero m. bright star (III)

M
maestresala m. waiter (II)
malicia f. malice (III)
malograr to ruin (III)
martillo m. malleus, hammer
   (III)
maula f. trickster (II)

menester m. need (II)
mengua f. necessity (I)
mentecato, -a fool (II)
merced m./f. your highness
   (II)
merecer deserve (II)
mohíno, -a sad (II)
montero, -a hunters (I)
motilón, -a court clerk (III)
motín m. rebellion (I)
moza f. young lady (I)
mudo, -a mute (I)
muquir eat (II)
muralla f. wall (III)
murmurar murmur (III)

N
nao f. ship (I)
naufragio m. shipwreck (I)
nave f. ship (I)
necio, -a foolish (II)
ninfa f. nymph (I)
nube f. cloud (III)

O
ocaso m. sunset (I)
ocio m. idleness (II)
ocioso, -a idle (I)
ocultar hide (I)
oponerse oppose (II)

P
paraje m. location (I)
pecar sin (I)
pena f. sorrow (I)
pesar regret (III)

pescador m. fisherman (I)
piadoso, -a merciful (I)
pincel m. paint brush (I)
plazo m. period (I)
plumaje m. plumage (I)
polonio m. Pole (II)
ponzoña f. poison (I)
portentos m. wonder (I)
prado m. meadow (I)
precipitar accelerate (I)
presa f. piece of meat (II)
presto, -a fast, promptly (II,
  III)
prevenido, -a forewarned (III)
primor m. virtue (I)
privar deprive (II)
prodigio m. prodigy (II)
prodigioso, -a extraordinary
  (II)
profanar desecrate (II)
pronosticar foretell (I)
propicio, -a favorable (II)
proverbio m. proverb (I)
prudencia f. prudence (II)

Q
quebrar break (I)
querella f. dispute (III)
quimera f. fantasy (III)

R
rabia f. anger (III)
rastillo m. rake (II)
recelar distrust (I)
regir govern (II)
relámpago m. lightning (II)

remendón m. cobbler (II)
remolino m. whirlwind (II)
rendido, -a devoted (I)
rendir defeat, conquer (I)
replicar answer (II)
repostero, -a butler (II)
requiebro m. flattery (I)
restaurar restore (I)
retiro m. retreat (II)
reto m. challenge (III)
retrato m. portrait (I)
reverenciar revere (I)
risueño, -a cheerful (III)
roble m. oak (III)
ropaje m. robes (I)
ruego m. plea (I)
ruiseñor m. nightingale (III)

S
sabio, -a wise (I)
sauce m. willow (I)
seguro, -a safe (II)
selva f. jungle (II)
sierpe f. snake (I)
silogismo m. syllogism (II)
soberano, -a sovereign (I)
soberbio, -a proud (I)
socorro m. help (III)
sordo, -a deaf (III)
sosegado, -a peaceful (II)
sosegar calm, soothe (I, II)
sucesor, -a successor (I)
sudar sweat (I)
suplicar beg (II)
suspenso, -a astonished (II)

T
talego m. long sack (I)
temblar shake (II)
temerario, -a reckless (III)
temor m. fear (I)
temporal m. storm (I)
tenebroso, -a gloomy (III)
tinelo m. dining room (II)
tiranía f. tyranny (I)
tiranizar tyrannize (III)
toparse run into (I)
torneo m. tournament (III)
torpe m./f. hopeless (III)
traidor, -a traitor (I)
trampa f. trap (II)
transilvano, -a Transylvanian (II)
trasladar move (I)
tregua f. truce (I)
tribunal m. magistrates court (II)
tropezar trip over (II)
trueno m. thunder (I)

U
ufano, -a self-satisfied (II)
ultrajar affront (III)

urdimbre f. intrigue (II)
usurpar usurp (III)

V
valeroso, -a brave (III)
valor m. bravery (II)
vano, -a vain (II)
varado, -a stranded (I)
vasallo, -a vassal (I)
vaticinio m. prediction (III)
velamen m. sails (I)
veloz m./f. fast (III)
ventura f. luck (II)
verdor m. greenness (III)
vil m./f. vile (III)
vileza f. vileness (II)
volar fly (III)
vulgo m. common people (I)

Y
yerro m. mistake (III)

Z
zurdo, -a left-handed (II)

CPSIA information can be obtained
at www.ICGtesting.com
Printed in the USA
LVHW081819180721
693027LV00006B/125